희망이 된 인문학

차례
Contents

인문학, '행복학'이자 '희망의 학문'

인문학은 행복학

쓰고 나면 사람도 소모품처럼 버려지는 세상, 단 한 번의 경쟁에서 패배했을 뿐인데 평생 패배자로 살아야 하는 사회, 가진 자와 못 가진 자 사이의 격심한 차이, 노력해도 성공할 수 없는 사회 그리고 빈약한 사회안전망. 이는 우리 사회 현실에 대해 우려하는 시선이 쏟아내는 걱정거리들이다. 실제로 현실은 너무 가혹해 보인다. 하지만 이럴수록 우리의 정신은 단단해질 필요가 있고, 삶을 오롯하게 이끌어 갈 수 있는 마음자세와 올곧은 태도를 견지할 필요가 있다. 이때 필요한 앎이 바로 '인문학'이다. 인문학은 앎을 통해 삶을 변화시키는 데 도움을 주는 학문이기 때문이다. 앎과 삶이 하나로 통합될 때 개인이나 공동체 모두 행복에 좀 더 가까이 다가갈 수 있다. 인문학적 앎을 통해 자기를 극복하고 스스로 방어할 수 있는 힘을 기른 개인들이 모여 공동체를 이루고, 다시 이 공동체가 '다함께 살자'는 공감대와 연대의식을 공유한다면 행복한 미래는 좀 더 성큼 다가오지 않을까?

자신이 누구인지, 어디로 가야 하는지, 또 무엇을 해야 하는지를 고민하며 갈팡질팡하고 있는 사람에게 가장 필요한 것은 무엇일까? 스스로의 물음에 해답을 얻기 위해 생물학이나 심리학 서적을 찾는 것이 유용한가 아니면 동서고금의 지혜가 녹아 있는 문학이나 역사, 철학 서적을 읽는 것이 더 유익할까? 필자의 답은 당연히 후자다. 왜냐하면 '왜 무엇을 위해 어디로 가는가?'라는 물음의 해답을 결정하는 주체는 결국 인간이기 때문이다. 인문학은 인간에 대해 오랫동안 연구한 학문이다. 따라서 우리 인간이 왜 살아가는지, 무엇을 위해 살고 있는지, 무엇 때문에 살아내야 하는지 등과 관련한 문제를 고민할 때 가장 요긴한 학문이 될 수밖에 없다.[1]

인간은 혼자서는 살 수 없는 존재다. 만일 인간이 단순히 생물학적 존재라면 작은 입자들의 물리·화학적 상호관계로 인체나 정신세계를 탐구하는 실증적 학문이 큰 도움이 될 것이다. 하지만 인간은 생물학적 개체일 뿐만 아니라 사회적 생명체다. 그래서 사람을 둘러싼 '관계'의 문제에 오래도록 천착해 온 인문학이야말로 개인의 존재감을 회복하고, 행복한 삶을 스스로 만들어 가는 사람들의 공동체를 만드는 데 훨씬 더 유용한 학문이라 생각한다. 인문학은 우리네 삶의 동반자이며 소중한 벗이 될 수 있는 것이다.

아쉽게도 근대 이후 과학문명이 세상을 지배하고 우리 삶의 상당 부분을 규율하게 되면서 사람들은 결과와 실용성에 지나치게 관심을 갖게 되었다. 또 사람들은 단박에 구체적인 결과와 효용을 낼 수 없는 인문학을 비과학적·비합리적인 학문으로 간주하며 점차 외면하기 시작했다. 하지만 잊지 말아야 할 사실은 인간에 대한 문제를 풀기 위해 투자한 시간과 결과는 꼭 비례하지 않으며, 단 하나의 정확한 정답을 낼 수 있는 영역이 아니라는 점이다. 인간은 고정된 존재가 아니라 언제든 변화 가능한 존재이기 때문이다.

오늘날 인간이 연구하는 학문은 모두 인간의 더 나은 삶을 위해 발전해왔다. 우리가 가장 믿을만한 객관적 지식으로 간주하는 자연과학이나 사회과학도 좀 더 행복한 세상을 만들고자 자연과 사회를 탐구하는 학문이다. 인간 삶의 궁극적인 목적이 행복한 삶이기 때문이다. 바로 그러한 행복한 삶의 주체, 더 좋은 사회의 주인은 사람 그 자체일 것이다. 따라서 인문학은 '사람'을 이해하고 '사람의 삶'을 더 나은 쪽으로 이끌어가는 데 가장 필요한 학문이 된다. 이런 점에서 볼 때 인문학이야말로 행복을 만들어가는 학문, 즉 '인문학은 행복학'이라 말할 수 있다.

인문학의 또 다른 이름, 희망

　인문학의 또 다른 이름은 '희망'이라 불러도 손색이 없다. 1995년 미국의 빈민교육활동가 얼 쇼리스(Earl Shorris)는 뉴욕 맨해튼에서 노숙인이나 재소자들에게 인문학을 가르치는 '클레멘트 코스(Clement Course)'를 시작했다. 그들에게 '희망'을 가르치기 위해서였다. '클레멘트 코스'라는 이름은 강의가 열린 건물명에서 유래했는데 이곳에서 얼 쇼리스는 죄수와 마약중독자·에이즈감염자 등의 소수자 집단을 대상으로 철학, 역사 등을 가르쳤다. 이 강좌를 수강한 31명 중 17명이 전 과정을 수료했으며 한 명을 제외한 전원이 대학에 들어가거나 전일제 일자리를 얻었다고 한다.[2] 강좌를 시작한 지 20여 년이 다 되어가는 지금, 클레멘트 코스는 국내는 물론 세계 각 지역에서 다양한 형태와 방식으로 운영되며 많은 이들에게 희망과 행복을 나누어주는 인문학 실천의 상징이 되었다.

　왜 인문학이 희망과 행복 찾기의 상징으로 세간의 이목을 받고 있을까? 왜 인문학이 정신적 고통이나 마음의 병을 앓고 있는 이들에게 위안의 학문처럼 다가서고 있는 것일까? 나아가 인문학이 길어진 인생의 행복한 삶과 무슨 연관이 있을까? 많은 이유가 있겠지만 무엇보다 인문학이 내가 누구인지, 어디로 가야 하는지를 깨닫게 해주는 '성찰의 학문'이기 때문일 것이다. 인문학은 이루고 싶은 목표나 삶의 의미를 찾지 못하는 사람들에게 지금까지의 인생을 되돌아보게 해주는 성찰의 힘을 길러준다. 이를 통해 정신적 고통이나 마음의 병을 앓고 있는 사람들은 새로운 희망을 찾고 행복의 여정을 떠날 수 있는 기회를 얻게 된다. 인문학을 통해 내가 살고 있는 사회가 어떤 곳인지를 알게 되고, 자기 성찰 과정에서 자신이 누구인지를 깨닫게 되면 자연스럽게 자신이 무엇을 욕망하는지, 앞으로 무엇을 해야 하는지를 파악할 수 있게 된다. 이는 결국 실천으로 발전할 수 있는 계기가 되는 것이다.

희망이 욕망의 다른 표현이라면 인문학은 사람들이 '무엇을 욕망하고 그것을 어떻게 이뤄낼 것인지를 알게 해주는 학문'이다. 경제적 자산의 축적, 육체적 건강의 확보, 높은 사회적 지위 등 다양한 욕망의 대상이 우리 앞에 놓인 '지금, 여기'에서 과연 우리 자신이 진짜로 욕망하는 것이 무엇인지 알아내기란 여간 어려운 일이 아니다. 때로 다른 사람의 욕망을 나의 욕망인 것처럼 착각하고 사는 경우도 많다. 문제는 이 욕망이란 놈이 실타래처럼 얽혀 있어 마치 빠져나가기 어려운 미로와 같다는 사실이다. 우리가 그 캄캄한 미로 속에 갇혔을 때 출구로 안내하는 학문이 바로 인문학이다. 그래서 인문학은 '희망의 학문'인 것이다.

길어진 인생의 동반자, 인문학

최근 많은 사람들이 젊은 시절부터 노년의 삶을 좀 더 아름답게 살기 위해 미리 준비한다. 그중 대부분은 주로 경제적 자산(저축이나 연금, 보험 등)의 축적 또는 건강 유지와 개선에 많은 시간을 할애한다. 경제적 자산의 축적은 과거에 대한 보상이자 현재를 즐기는 수단으로, 또 미래의 든든한 보장자산으로 매우 유의미한 일이다. 하고픈 일이 아무리 많아도 경제적 자산이 준비되어 있지 않다면 그것은 그저 즐거운 상상에 불과하다. 또 건강 유지와 개선에 많은 시간을 투자하는 것도 길어진 인생을 만끽하기 위해 필수적이면서 나름 의미 있는 자산 관리일 것이다. 그런데 과연 경제적 자산의 축적과 육체의 건강만으로 행복한 삶을 위한 준비가 모두 끝난 것일까?

우리는 유용할 수 있는 돈이 충분하고 육체적으로 건강하며 모든 사람들이 부러워할 만한 스펙을 갖추고 있음에도 불구하고 전혀 행복해 보이지 않는 사람들을 종종 만나게 된다. 실제 이들은 대부분의 사람들이 갖고 싶어 하는 모든 것을 가졌으면서도 스스로 행복하지 않다 말한다. 왜 그럴까? 만약 누군가 물질적 충족만으로 행복을 느끼지 못한다면 이는 그의 정신세계에 어떤 결핍이 존재하기 때문일 것이다. 물질과 정신의 부조화 상태는 심리적 불안이나 정신적 위기를 부른다고 한다. 생존경쟁이 일상화된 현대사회에서 직장인들이 자신의 삶이나 미래에 대해 막연한 불안감과 허무함을 느끼는 것도 이와 관련이 있다.

그렇다면 스스로를 불행하다고 생각하는 사람들, 모든 것을 다 이루고 많은 것을 얻었음에도 행복해 보이지 않는 사람들, 또 행복한 노후를 보내고 싶은 이들에게 정작 필요한 것은 무엇보다 정신적 건강이 아닐까? 최근 고단하고 황폐해진 삶을 이겨내려는 '행복'에 대한 관심이 세간의 주목을 받고 있고, 행복한 삶을 주제로 한 다양한 분야의 서적 범람, 힐링(healing) 산업이 각광을 받는 상황도 이와 무관하지 않을 것이다. 이러한 흐름 속에서 인문학도 과잉이라 할 만큼 대중적으로 유행하고 있는데, 이는 고단한 삶을 벗어나 문학과 역사, 철학의 숲에서 인간 존재에 대한 성찰과 나에 대한 이해를 통해 정신적·정서적으로 건강하고 풍요로운 삶을 살아가려는 이들이 늘고 있음을 단적으로 시사한다.

생물체는 외부와 내부의 환경 변화 속에서 생리적으로 안정된 상태를 유지하는 기능을 가지고 있다. 이를 생물학적 용어로 '항상성(homeostasis)'이라 한다. 예를 들어 체온이 정상적인 범위를 벗어나 상승할 경우 땀이 발생해 체온을 떨어뜨려 주는 신체적 기능이 이에 해당된다. 그런데 인간에게 항상성은 육체의 차원에서만 작동하는 것이 아니라 정신의 영역에서도 작동한다. 그래서 인간이 정신적으로 불안정한 상태에 빠지면 스스로 자율적인 메커니즘을 동원해 안정한 상태로 돌아가려는 경향이 있다고 한다. 인문학은 이러한 과정을 효과적으로 도울 수 있는 학문이라 할 수 있다. 이는 문학·역사·철학 등으로 대표되는 인문학이 인간 삶의 진정한 의미와 가치를 탐구하며 인간의 진정한 행복을 물질생활과 정신세계의 조화 속에서 찾기 때문이다.

인간을 고통스러운 통증에 빠트리는 육체적 질병은 의학으로 고칠 수 있을 것이다. 하지만 정신적 고통이나 마음의 병은 근본적으로 인간에 대한 이해와 사랑 없이는 치유될 수 없다. 인문학은 당장 돈을 벌어주지도 못하고 조각 같은 몸매를 만들어주지도 못한다. 하지만 적어도 정신적 건강이나 치유가 필요한 이들을 도와주고, 스스로 행복한 삶을 만들어가는 데 도움을 줄 수 있다. 인문학이야말로 길어진 인생에 필수 동반자다. 인문학은 '치유의 학문'인 것이다.

관계와 소통, 행복한 삶의 출발점

인문학의 초점은 '사람'이다. 사람을 정의하는 방식은 각자 다르겠지만, 가장 일반론적 차원에서 본다면 인간은 사회적 생명체다. 인간이란 존재는 모름지기 또 다른 나인 '너'라는 존재와 함께 어울려 그 관계 속에서 자신의 존재를 이해하게 되며 삶의 의미도 그 속에서 찾게 된다. 따라서 온전한 삶을 살기 위해서는 다른 존재들과 '좋은 관계'를 유지하는 것이 중요하다. 사실 꿈도 행복도 혼자서는 이룰 수 없다.

그런데 과학기술이 발전하고 삶이 점차 편리해지면서 많은 사람들이 삶의 가장 중요한 덕목으로 합리성과 실용성을 꼽기 시작했다. 그러면서 '우리'보다는 '개인'의 존재가 부각되고, '개성이 미덕'이라는 인식이 강해졌다. 다른 사람과 비슷하거나 똑같은 것을 추구하면 꿈이 작은 사람 또는 허섭스레기 같은 존재처럼 인식되기도 했다. 이런 분위기가 개인의 발전에는 도움이 되었는지 모르지만 오히려 소통에 어려움을 겪는 사람들이 증가하게 됐고, 결국 관계의 소원함을 가져오는 결과를 낳았다.

언제든지 사람과 사람을 편하게 연결해주는 다양한 정보통신 기계들이 등장하고 있지만 오히려 사람들은 더욱 외로움을 크게 느끼며 살아가고 있는 것처럼 보인다. 소원한 인간관계와 소통의 부재가 가져온 마음과 정신의 고통은 사람들을 더욱 힘든 수렁으로 내몰기도 한다. 인간의 수명은 의학의 눈부신 발전으로 이전에 비할 수 없이 연장됐지만, 혼자 죽음을 맞이하거나 스스로 목숨을 끊는 사람들이 증가하는 현실은 과학기술의 발전과 물질적 풍요가 만능이 아님을 잘 보여준다.

최근 현대인들이 앓고 있는 가장 커다란 병 가운데 하나는 '관계의 깨짐'과 그로 인한 '소통의 부재'에서 오는 스트레스라는 조사결과가 나온 바 있다. 관계에 대한 고민은 오래전부터 인문학이 천착해 온 가장 중요한 화두 가운데 하나였다. 인문학의 근본 물음은 인간에 초점을 맞추고 있지만, 이때 인간은 그저 개인만을 의미하지 않는다. '인간이란 어떤 존재인가?'라는 물음은 개인은 물론이고 그 개인을 둘러싼 모든 것들과의 관계에 대해서도 동시에 질문을 던지는 것이다. 즉 인문학은 자기 자신과 주위를 내부와 외부에서 동시에 조망하는 학문인 것이다. 그렇기 때문에 인문학은 나의 존재 의미를 깨닫는 동시에 타인의 존재 의미를 말하고 '역지사지(易地思

之)'의 정신을 가르쳐 함께 공존하는 방법을 말한다.

　'지금, 여기'는 물질문명의 발달과 그로 인한 수많은 문제들, 이를 테면 인간성 상실, 잘못된 신념, 전도된 가치관에서 비롯된 인간 소외나 이를 야기한 다양한 사회적 문제들을 인문학적 견지에서 분석하고, 그 안에서 해법을 찾아가려는 시도가 필요한 시점이다. 다시 말해 지금 우리 사회는 인문학적 앎을 통해 인간 개개인이나 집단의 삶이 건강한 정체성과 존재감을 얻고 진정한 가치를 탐색하며 이를 통해 모든 것들의 치유가 필요한 상황인 것이다.

　예를 들어 '지금, 여기'의 여러 사회 문제, 특히 자살이나 '묻지마 범죄'와 같은 문제들은 인문학의 주요 연구대상이면서 인문학이 해법을 제시할 수 있는 영역이라 볼 수 있다. 잘 알려진 것처럼 우리나라는 경제협력개발기구(OECD) 가입국 가운데 7년째 자살률이 1위(2012년 기준)이고, 매일 42명꼴로 자살이 발생하고 있는 나라다. 여기서 눈여겨보아야 할 대목은 20~30대 사망 원인 1위가 자살이고, 대개 농촌에서 자살이 이루어지고 있으며, 65세 이상 어르신들의 자살률이 제일 높다는 사실이다. 최근 우리 사회에서는 이른바 '묻지마 범죄'도 증가하고 있다. 여기서 우리는 대부분의 묻지마 범죄가 지극히 평범한 사람들에 의해 발생하고 있다는 사실에 주목해야 한다. 많은 언론들이 자살이나 묻지마 범죄를 개인의 인성이나 정신적 결함과 연관 지어 설명하기도 하지만, 이는 단순히 개인의 문제가 아니라 사회적 차원의 문제라는 측면에서도 접근할 필요가 있다. 물론 개인의 기질적 특이성을 무시할 수는 없을 것이다. 하지만 전문가들은 불우한 유년 환경, 지나친 음주, 남녀 간의 치정(癡情) 문제와 같은 개인의 주관적인 문제에서부터 사회 양극화, 집단따돌림, 가정폭력, 장기 실업과 비정규직, 경제적 불안정과 같은 사회적 문제에 이르기까지 묻지마 범죄의 충동을 일으키는 원인을 다양하게 분석하고 있다. 현대사회를 '위험사회'로 정의한 독일의 사회학자 울리히 벡(Ulrich Beck)도 "한국은 '아주 특별한' 위험사회이며 내가 지금까지 말해온 위험사회보다 더 심각한 위험사회"라고 경고하고 있다.[3]

더 자세히 들여다보면 이런 분석과 주장에는 지독한 승자독식의 구조, 패자부활전은 없는 것처럼 여기는 우리 사회 환경에 대한 우려가 담겨 있다. 사람들은 무한경쟁 체제 안에서 패배자로 사는 것에 대해 두려워하고 있고, 이러한 불안이 극단적이고 파괴적인 선택으로 나타나고 있는 것이다. 더구나 우리 사회의 취약한 사회 안전망은 이런 상황을 더욱 심각하게 만드는 구조적 원인이기도 하다. 따라서 어느 누구도 거들떠보지 않는, 어느 한 사람 따뜻한 시선으로 보지 않는, 우리 시대의 모든 불안한 이들에게 정작 필요한 것은 밥이나 빵, 사회적 지위가 아니라 스스로의 내면을 오롯이 채워갈 수 있는 기회를 주는 것이고 미래에 대한 희망을 심어주는 것이다.

자살이나 묻지마 범죄가 늘고 있는 각박한 우리 현실에 필요한 것은 '우리 모두 함께 살아가야 한다'는 공감과 연대의 정신일 것이다. 필자는 인문학이 이런 상황을 해소해 개인이나 사회가 좀 더 바람직한 미래를 만들어가는 데 도움을 줄 수 있으리라 생각한다. 이는 인문학적 앎을 통해 '관계와 소통'의 가치를 일깨운다면 개인과 사회는 물론, 더 나아가 생태계까지도 좀 더 평온한 삶의 여정을 갖게 될 것이라 믿기 때문이다. 결국 '관계의 복원'과 '소통의 회복'은 모든 것들의 행복을 돕는 출발점이 될 것이다. 인문학을 '행복학'이라 말하는 까닭이 여기 있다.

인문학은 실용의 학문

인문학의 발생

인문학은 한 마디로 '인간에 대한 학문'이자 '인간을 위한 학문'이라 정의할 수 있다. 이는 로마 시대 키케로(Marcus T. Cicero)의 '인간에 대한 연구(Studia Humanitas)'에서 유래한다. '인간을 위한 학문'이란 말은 자유로운 인간의 성장을 돕는 학문이라는 뜻이고, '인간에 대한 학문'이란 말은 인문학의 연구 대상이 곧 인간의 삶이라는 의미다. 따라서 인문학은 그 자체로 '인간학'이라 할 수 있다. 물론 처음부터 이런 정의가 있었던 것은 아니다. 그 기원을 따지면 멀리 그리스까지 소급된다. 그리스 아테네에서 민주주의가 발전하면서 소피스트들은 기초교양 교육으로 문법과 수사, 논리학, 웅변술 등을 가르쳤고, 이는 보통 사회적 지도자의 기본소양이자 자유시민이 되기 위한 기초지식으로 간주되었다. 로마에 이르러서는 문법과 논리학, 수사학, 변증론 이외에 산수와 기하, 천문, 음악 등이 추가되어 '리버럴 아츠(liberal arts, 자유교양)'라 불렸는데, 이는 '인간을 자유롭게 하는 학문'이란 뜻이었다. 그러다 키케로가 자유교양을 '인간에 대한 연구'라고 부르기 시작하면서 인문학에 대한 정의가 지금과 유사하게 되었다. 이후 보에티우스 (A.M.S. Boethius)와 카시오도루스(Cassiodorus)에 의해 7개 자유교양이 정착된다. 문법과 수사학, 논리의 3학(trivium)과 산수, 기하, 천문, 음악의 4과(quardrivium)가 그것이다. 3학은 주로 화법 (話法)에 관한 것이고, 4과는 실재(實在)에 관한 것이다.[4]

인문학은 12세기 대학(Univerisitas)의 탄생과 함께 좀 더 세밀해지고 제도화되기 시작했다. 9세기경 농업기술의 발전에 힘입은 생산량 증가는 잉여생산물의 축적과 교류를 촉진시켰고, 이는 도시 성장으로 이어졌다. 도시의 성장과 맞물려 상공인들이 등장했고, 이들의 자녀들을 교육시키기 위한 사회적 필요는 칼리지(college)의 탄생을 가져왔다. 더불어 11~13세기 사이에 진행된 십자군 전쟁도 대학의 성장에 큰 기여를 했다. 주지하다시피 십자군 전쟁은 단순한 종교적 차원의 전쟁이 아니라 정치적이면서도 경제적인 차원의 전쟁이었다. 이 과정에서 이슬람권에 묻혀있던 그리스의 수많은 고전 문헌들이 유럽으로 흘러들어왔다. 중세 시대 유럽에 유입된 그리스 문헌들은 대학을 중심으로 번역되어 많은 이들에게 읽혔다.

압도적인 신앙의 시대이자 지적 암흑기였던 중세 유럽 사회에 유입된 그리스의 고전 문헌들은 당시 아리스토텔레스(Aristotle)의 『자연학(Physics)』을 비롯해 약 80여 권이 번역된 것으로 알려져 있는데, 이는 중세 유럽인들에게 새로운 눈으로 세상과 우주를 바라보는 계기를 제공했다. 인문주의자들은 그리스·로마의 고전을 발굴하고 번역하는 일에 몰두했고, 이는 인간의 주체성과 존재감을 부각시키는 원동력이 되었다. 이런 점에서 우리가 알고 있는 '르네상스'란 단순히 그리스 문화의 부활이나 재생이 아니라 닫혀있던 시선을 열린 시각으로 전환해 새로운 앎을 얻어가는 기회였다고 할 수 있다. 르네상스를 거치면서 점차 3학은 인문학으로, 4과는 자연과학으로의 구분이 명확해지기 시작했다. 이런 과정을 거치면서 인문학은 대학의 기초교양 과목으로 활용되었고, 이는 인문학의 학문적 독립성을 가져와 훗날 문학과 역사, 철학 등이 개별적인 학문으로 발전하는 토양이 되었다.

그러나 16~17세기를 지나면서 과학혁명과 산업혁명이 차례로 진행되었고, 이 과정에서 인문학은 점차 쓸모없는 학문으로 전락하기 시작했다. 사실 과학은 모든 것을 가르쳐 주지도 않으며 마법의 탄환도 아니다. 그럼에도 불구하고 근대 과학의 성립은 지식의 파편화를 가져오는 계기가 되었고, 사람들은 과학 속에서 보편성과 객관성을 찾아내어 그 인과율에 의해 세계를 해석하는 지적 접근을 절대적인 것으로 간주하게 되었다. 이제 비과학적인 모든 것은 사람들에게 외면당하는 운명에 처하기 시작했다. 또 근대화와 산업화의 국면에서 심화된 경제적 욕구의 분출은 돈벌이나 생산에 실질적으로 도움이 되지 않는 것들은 모두 무의미하고 무용한 것으로 간주하기 시작했다. 이는 결과적으로 삶의 의미와 가치를 묻는 인문학의 중요성을 퇴색시키고 '인문학은 무용한 학문'이라는 인식을 퍼뜨리는 데까지 이르렀다.

하지만 과학적 유물론의 유행과 물질 만능의 시대에도 인문학이 필요한 이유는 분명하다. 흔히 유럽이나 미국에서 오랜 전통을 갖고 뿌리내린 인문교양은 지금도 '리버럴 아츠'라 불리는데, 이는 '자유인(free man)에게 어울리는 학예(arts) 및 학문(science)적 성향'을 지칭하는 통칭어로 '노예적' 또는 '기계적'이라는 의미와 반대로 쓰인다. 여기서 '리버럴'은 지성을 전반적으로 확충하고 다듬는 것을 목표로 하며, 기술을 배우거나 전문적 직업을 얻는 데 필요한 요건들로만 좁게 한정하지 않는다는 뜻을 내포한다. 하지만 최근 많은 이들이 노예적으로 또는 기계적으로 취직에 유리한 것, 돈벌이가 될 만한 것, 사회적 지위를 상승시킬 수 있는 공부나 일을 해야 한다는 일종의 강박관념에 사로잡혀 있다. 물론 이 또한 필요한 것이기는 하나 이것이 인생의 유일한 목적은 아닐 수 있다. '리버럴'이란 단어는 기본적으로 '자유로운 인격체로 성장해간다'는 의미를 담고 있다. 따라서 인간은 사회적인 효용성을 떠나 오로지 배움 그 자체만을 순수한 목적으로 해야 하고, 이를 통해 자신의 자유를 키워나가는 것이 무엇보다 중요하다는 사실을 알 수 있다. 결국 현대적 의미의 '리버럴 아츠'는 자기 자신을 위해 스스로 노력하는 교육, 자신을 자유로운 인간으로 키워내기 위해 필요한 공부를 의미한다고 할 수 있다.[5]

미국의 대표적인 인문학자 월터 카우프만(Walther A. Kaufmann)이 "인문학은 단순히 인류의 위대한 작품들을 보존하고 양육하는 수단을 넘어선다. 인문학은 실존의 이유와 삶의 궁극적인 목적을 알게 함으로써 개개인의 정신이 자유로움을 깨닫게 하며 자율적으로 운명을 선택할 수 있게 돕는다."고 주장한 데는 이런 이유가 있는 것이다. 즉 자유로운 비판정신에 입각해 새로운 비전(vision)을 만들려면 인문학이 필요하다는 것이다.[6] 물론 이는 개인을 넘어 사회적인 차원의 문제와 연동되어 있다. 스스로 자유롭기 위해서는 개개인이 무엇에 사로잡혀 있는지를 알아야 하는데, 이는 우리가 살고 있는 사회의 특성이나 구조에 대한 이해와 밀접한 연관이 있기 때문이다. 따라서 개인과 사회의 '관계와 소통'에 관심을 갖는 인문학은 행복한 삶을 살아가는 데 필수다. 하지만 인문학은 최근까지 대중과는 먼 상아탑의 울타리에 갇혀 있었다.

인문학의 위기? 그것이 기회다

수년 전부터 들려오기 시작한 인문학자들의 '과연 인문학이 설 자리는 있는가?' '인문학은 어디에 설 것인가?'라는 절박한 물음은 '지금, 여기'에서도 여전하다. 많은 인문학자들이 자성의 목소리를 내며 거리로 나서기도 하고, 냉정한 비판의 장을 적극적으로 만들기도 한다. '인간을 위한 학문'이자 '인간에 대한 학문'이면서 인문학이 정작 인간의 삶과는 동떨어져 자신만의 성을 짓고 있었던 것에 대한 처절한 반성의 몸짓인 것이다. 2006년 고려대 문과대 교수 121명은 '인문학 선언'을 발표하며 인문학의 사회적 소통 부재가 인문학의 위기를 가져왔다는 자기 성찰적 비판을 공식적으로 천명한 바 있다. 당시 이들은 무차별적 시장논리에 밀려 인문학에 대한 사회적 경시풍조가 갈수록 만연하고 있는 데다 대학 내에서도 학생 수 급감과 연구지원 미비 등 인문학의 학문적 토대마저 붕괴하고 있다는 인식을 선언의 방식으로 세상에 알렸고, 이는 인문학 위기 담론의 유행에 있어 촉매제가 되었다.

2007년 전 교육인적자원부(현 교육과학기술부)는 인문학이 적극적으로 시대 정신에 부응할 필요가 있음을 역설하면서 인문학이 개인의 삶의 질 향상뿐만 아니라 국가와 사회의 통합, 그에 기초한 국가 경쟁력 제고에도 도움이 될 수 있는 실용적 학문으로 탈바꿈해줄 것을 주문하기도 했다. 이를 긍정적으로 해석한다면 전 교육인적자원부가 개인과 집단의 안녕 및 복지를 위해 인문학이 꼭 필요한 학문이라는 점을 인식한 결과로 생각해 볼 수 있다.

사실 인간이 세상의 중심이라는 전제 하에 인간 실존과 사회의 조건을 탐구하는 학문, 즉 인문학이 없는 세상은 존재할 수 없다. 하지만 인문학은 그동안 세상과의 '관계와 소통'이 부족했다. 따라서 우리가 인문학의 위기를 벗어나 인문학의 시대적 소명을 달성하려 한다면 무엇보다 '관계와 소통'을 어디서부터 어떤 방식으로 시작해야 하는가를 궁리해야 한다. 앞서 말했듯 인문학은 개인과 사회 모두의 안녕에 도움을 줄 수 있는 학문이다. 최근 물질문명의 발달로 인한 정체성 상실이나 원인 모를 질환의 증가, 연예인이나 청소년들의 자살, 그리고 행복에 대한 관심의 증폭 등 인간 삶의 의미나 가치를 둘러싼 대중의 관심은 커져만 가고 있다. 그 어느 때보다 '관계와 소통'에 주목하고 있는 인문학이 필요한 세상인 것이다.

지식은 절대적 객관성과 보편성, 가치중립성을 지니고 있지 않다. 최근 지식 생산지로써 대학의 역할이나 목적, 그 위상까지도 변화하고 있다. '지금, 여기'에서 우리에게 필요한 것은 단순히 앎의 지평을 확장하는 것이 아니라 그 앎을 재조직해 활용하는 수행적 지식(performative knowledge)의 시대적 중요성을 인식하고 실천하는 일이다. 그간 텍스트에만 천착해온 인문학은 대중과 소통하지 못해 그 실용성이나 효용성에서도 의심의 눈초리를 받아왔다. 하지만 인문학의 실용성이나 효용성은 정량적 분석이나 물질의 획득 정도만으로 감지할 수 있는 것이 아니다. 인문학은 삶의 방향을 상실한 사람들이나 집단에게 존재의 의미와 가치를 일깨워줌으로써 더 나은 방향을 제시해준다는 점에서 그 자체로 실용적이라 할 수 있다.

그래서 인문학은 인간 삶의 필수 비타민이자 '희망의 학문'이라 할 수 있을 것이다. 더불어 인문학의 효용성에만 주목할 것이 아니라 시대정신과 어우러져 올곧게 '관계와 소통'을 할 수 있도록 인문학의 새로운 학문적·실천적 지형도를 그리는 일도 중요할 것이다.

인문학은 실용적 학문

우리 사회의 양극화 심화를 일컫는 말로 '20:80의 사회' '소수만 부유하고 절대다수는 빈곤해진다'는 표현이 유행한 지 오래다. 지난 수십 년간 우리 사회는 성장 위주의 경제 정책에 기초한 급속한 산업화, IMF 관리체제, 신자유주의의 대두 등을 차례로 경험하면서 계층 간 격차 또는 사회 양극화가 점진적으로 심화되어 왔다. 이는 정의롭지 못한 사회의 표상으로 인식되며 수많은 대응 방안을 제시하고 있으나 제시되는 여러 해결책은 그리 마뜩치 않아 보인다. 더욱이 이런 현상은 소수자나 사회적 약자를 넘어 중산층에게도 전이되어 우리 국민 대다수가 최소한의 사회문화적 삶을 누릴 수 있는 기회마저 박탈당할지도 모른다는 우려로 이어지고 있다.

문제의 심각성은 이런 상황이 가혹한 현실일 뿐만 아니라 비참한 미래를 예정하고 있다는 데 있다. 즉 계층 간 격차나 사회 양극화 현상의 심화는 유전형질처럼 대물림됨으로써 후손들에게도 전승될 수밖에 없는 성격의 문제라는 것이다. 이는 많은 사람들이 교육의 기회나 복지의 혜택을 적극적으로 누리지 못해 더 나은 삶을 만들 수 있는 기회를 박탈당한 채 자신들의 열악한 삶의 조건을 후대에 대물림할 수밖에 없는 상황에 처했다는 것을 의미한다. 결국 계층 간 격차와 사회 양극화의 심화는 인간다운 삶을 살 수 있는 기본 조건마저 빼앗는 원인이 됨으로써 개인의 행복은 물론이고 바람직한 공동체의 상을 그려가는 데도 장애가 될 수 있다.

한편 신자유주의의 유행과 물질주의적 가치관의 흐름은 실용성과 결과를 지나치게 중시하는 사회풍조를 양산함으로써 학문 영역에서도 쓸모 있는 학문과 그렇지 않은 학문을 나누는 굵은 선을 긋고 있다. 물론 인문학의 위기도 이와 연관되어 있다. 하지만 인문학이 쓸모없는 학문이라는 세간의 주장은 수용하기 어렵다. 먹고 사는 데 필요한 도구적 학문으로서는 인문학의 실용성이 떨어질 수 있겠으나 적어도 인간 삶의 의미와 가치를 탐색하는 학문이라는 점에서는 인문학이 그 어떤 학문보다 실용적인 학문이 될 수 있기 때문이다.

만일 누군가 자아와 그 자아가 관계를 맺고 있는 세계에 대한 의미와 가치를 상실한다면 이는 곧 실존적 위기를 맞게 된다. 현대 사회에서 급속도로 증가하고 있는 자살. 그것은 아무 것도 아닌 존재, 아무런 의미도 가치도 없는 존재라는 자기 인식이 가장 큰 원인 아닌가? 실존적 위기에 처한 인간에게 면역력을 길러주는 것은 바로 인문학이다. 무엇을 위한 수단이 아니라 그 자체가 목적인 인문학은 현상적으로는 먹고

사는 문제와 상관없는 학문처럼 보이지만 본질적으로는 삶의 목적과 의미를 찾을 수 있게 돕는 가장 실용적인 학문인 것이다. 뿐만 아니다. 한 사회가 위기에 빠졌을 때도 인문학은 중요한 역할을 수행한다. 사회적인 갈등은 공동체 위기의 주원인이 된다. 이는 무엇보다 폭넓은 공감대가 형성되지 않아 연대감이 사라졌기 때문일 것이다. 이때 필요한 것이 바로 인문학이다. 인문학적 사유가 천착한 주제는 다름 아닌 인간 삶과 인간을 둘러싼 관계망의 의미이기 때문이다. 과연 어느 누가, 또 어떤 사회가 이 주제로부터 자유로울 수 있겠는가? 그래서 인문학은 있으면 좋고 없어도 그만인 학문이 아니라 인간 사회가 생존하는 데 필요한 절대필요조건이라 할 수 있다.

인문학의 실용성을 논할 때 인문학의 경제적 가치를 측정하려는 시도나 정량적인 차원에서 그 의미를 찾는 것은 어이없는 난센스에 불과하다는 생각이다. 우리는 '인문학의 경제적 가치가 얼마인가?'라는 질문을 '인문학이 물질적으로 얼마나 이익을 가져다줄 수 있을까?'라고 이해하기보다는 '인문학이 인류의 지속 가능한 행복의 추구에 얼마나 그리고 어떤 기여를 할 수 있을까?'라고 해석할 필요가 있다. 왜냐하면 인간의 행복이 삶의 질 고양과 관련된 것이라면 이를 위한 요소에는 계량화할 수 없지만 매우 중요한 가치들, 이를테면 생명이나 자유, 정의 등이 포함될 수 있기 때문이다. 따라서 인문학의 실용성을 계량화된 수치로 따져 묻는 방식보다는 가치 기여도 차원에서 그 실용성을 논하는 것이 바람직할 것이다. 또 사회과학이 다양한 사회문제를 해결하기 위한 처방전을 내어놓아 치료의 기능을 한다면 인문학은 그러한 문제의 근본적인 해결을 가능하게 하는 예방적 기능을 한다고 볼 수 있다. 일반적으로 병의 치료에 들어가는 비용보다 사전 예방에 들어가는 비용이 훨씬 적게 든다.[7]

사실 많은 이들이 인문학은 유용한 학문이라 생각하고 있다. 인문학이 인생의 의미를 되새기거나 자기정체성 확립에 도움이 된다고 생각하고 있으며 사회발전이나 물질만능사회에서 잃어버린 인간성 회복에 크게 기여할 수 있다는 점도 잘 알고 있다. 이런 견지에서 인간 행복에 대한 관심이 복지 정책과 맞물려 그 어느 때보다 사회적 화두로 떠오르고 있는 요즘, 인간과 행복을 주된 화두로 삼아 더 나은 삶을 구현하려는 앎인 인문학이야말로 가장 실용적인 학문 영역이며 시대적 흐름에 조응하면서 건강한 사회(wellbeing society)를 만들어가는 '사회적 자본(Social capital) 학문'이라 할 수 있을 것이다.

상업적 이용에만 머물 것인가?

한 가지만 언급하고 넘어가자. 인문학의 위기를 타개하고 물질문명의 득세로 인한 인간 정체성의 상실을 구원할 학문으로서 인문학의 새로운 위상을 주창하며 인문학의 실용성과 대중화를 강조하는 흐름은 지극히 반가운 일임에 틀림이 없다. 그러나 우리는 실용성이나 대중화가 바로 상업성과 연결되는 현상으로부터 경계의 눈초리를 거두지 말아야 한다. 인문학의 실용성이 대중화를 기초로 상업적 성과를 달성하는 것만으로 평가되고 받아들여진다면 이는 인문학 본연의 정체성과 위상을 스스로 파괴해버리는 것이나 마찬가지다. 가령 인문학을 이용한 문화콘텐츠 상품이나 힐링 프로그램을 만들어 부가가치를 높이는 일에만 관심을 둔다면 이는 자본 시대의 논리처럼 돈을 벌어들이고 몸값을 높이며 상품 판매량을 늘리는 일과 별반 다르지 않다. 인문학의 시대적 소명은 이익뿐만 아니라 가치 실현에도 있음을 기억해야 한다.

인문학이 다른 학문 영역과 차별화되는 고유성과 정체성을 갖고 있다면 인문학이 표방하고 있는 실용성과 대중화의 내용과 형식, 즉 전체적인 앎과 틀 역시 다른 학문 영역과 조금은 달라야 하지 않을까? 과학기술은 구체적이고 실증적이며 생활의 편리를 돕는 유용한 학문임에 틀림없다. 하지만 그 자체로 삶의 가치나 의미를 알려줄 수는 없다. 삶과 세계에 대해 반성적인 사고를 돕는 학문, 그래서 가치와 의미를 일깨워 주는 학문은 인문학뿐이다. 인문학은 삶의 방향을 상실한 사람이나 집단에게 바람직한 방향을 제시하고, 개개인과 집단에게 존재적 의미와 가치를 일깨워 준다는 점에서 그 자체로 실용적이라 할 수 있다. 부연하면 누군가 또는 어떤 사회가 아픈 기억과 상처로 힘들어할 때 스스로 치유할 수 있도록 돕고, 그래서 방향을 잃고 헤매던 정글 속을 벗어나 그들이 원하는 희망과 욕망을 스스로 찾을 수 있게 도와주는 학문이 인

문학이라는 이야기다. 그렇다면 이보다 더 실용적인 학문이
또 어디 있겠는가?

행복의 조건: '관계와 소통'

사람마다 다른 행복

사람은 왜 사는가? 대부분 행복을 위해 산다고 말할 것이다. 그런데 역설적이게도 많은 현대인들이 오히려 불안을 느끼며 살고 있다고 한다. '20세기의 대표 지성'이라 일컬어지는 영국의 철학자 버트런드 러셀(B. Russel)의 말을 빌면 '바이런식 불행(Byronic Unhappiness)'이 그것이다. 즉 구체적인 원인이 없는데도 불행하다고 생각하는 경우, 또는 자신이 불행한 이유를 제대로 알지 못하면서 불행하다고 생각하고 세상의 온갖 불쾌한 것들에 집착하는 상황에 함몰된 경우가 많다는 것이다.[8]

과연 무엇이 현대인들을 불안하게 만드는 것일까? 사회적 지위에 대한 불안 때문일까? 패배자로 사는 것에 대한 불안? 아니면 세속적 욕망의 결핍 때문일까? 여러 가지 이유가 있겠지만, 만일 이러한 이유 때문에 불편한 마음을 갖고 산다면 이는 병에 걸린 것이나 마찬가지라고 할 수 있다. 흔히 질병이라고 부르는 병리적 상태를 영어로 'disease'라고 쓴다. 즉 'ease(편안함, 안락함)'하지 않은 상황이 바로 질병인 것이다. 따라서 뭔가 불편한 마음을 갖고 있다면 심하게 말해 '아픈 상태'라 말할 수 있다. 또 개인이 이런 질병 상태에 있다면 그런 개인들로 이루어진 우리 사회는 '병든 사회(an ailing society)'나 마찬가지다. 그래서일까? 많은 이들이 행복학 관련 서적을 뒤적이고, 이에 발맞춰 힐링 관련 산업이 발전하고 있다. 또 많은 이들이 행복한 삶 또는 고통의 치유를 내세우며 상업적 이익을 꾀하고 있다. 물론 인간 본성의 발로로 진정성을 담아 선한 의지로 세상과 사람을 만나는 사람들도 꽤 많다.

　과연 행복의 조건은 무엇일까? 불행에서 벗어나 행복한 인생을 살기 위해 우리에게 필요한 것은 무엇이며 어떻게 하면 행복해질 수 있을까? 많은 사람들은 행복해지기 위해 필수적인 무언가가 필요하다는 이미지를 그리곤 한다. 그중 대부분은 돈과 사회적 지위 같은 물적 조건이 행복의 필요조건이며, 이를 성취하기 위해 일류 대학을 나와야 한다거나 특정 자격증이 필수라는 획일화된 통념을 갖고 있는 것처럼 보인다. 인생에 있어 한 가지의 정답이 아니라 수많은 현답(賢答)이 있을 수 있는 것처럼 사실 행복에도 정답은 없다. 그럼에도 불구하고 획일화된 행복의 내용이나 조건이 일반화되어 있는 것 같다. 행복해야 잘 사는 것이고, 무조건 행복해져야만 한다는 일종의 강박관념도 문제다. 오히려 이런 강박관념이 우리를 더 힘들게 할 수도 있다. 당위에만 사로잡혀 현실의 조건을 무시하거나 허황된 공상에 사로잡힐 수 있기 때문이다. 어쩌면 우리네 삶은 찰나의 행복이 잠깐씩 끼어드는 고통의 기나긴 연속일지도 모르고, 행복이 무엇인지에 대한 정의도 불분명한 상황에서 막연히 행복해져야만 한다고 생각하는 것도 뭔가 무리가 있어 보인다.

이렇게 질문해보자. 돈이 행복한 삶과 꿈의 전부인가? 많은 부를 축적할 수 있는 사회적 성공을 성취하면 모든 것을 다 이룬 것이라 말할 수 있을까? 사회적으로 성공해 돈을 많이 벌면 승리자이고 비로소 행복의 조건을 다 갖춘 것일까? 행복에 있어 돈이 능사는 아니다. 그럼에도 불구하고 많은 사람들은 돈을 가지고 싶어 하고, 돈 이외의 것들에는 관심이 없어 보인다. 자본주의가 세계를 휩쓴 이후 세상의 모든 것이 변해도 돈을 좇는 사람들의 마음이나 행동에는 변함이 없다. 우리가 지금 하고 있는 일이나 공부, 우리가 행하는 모든 것들이 사실 모두 돈과 관련이 있다. 돈 자체를 부정하거나 돈을 벌고자 노력하는 것을 비난하는 것은 아니다. 돈에만 집착하는 일, 돈이면 뭐든지 할 수 있다는 '돈 만능주의'를 경계하자는 것이다. 잘 알고 있듯 돈은 갈등의 원천이 되기 쉽고, 모든 관계의 해체와 소통 부재의 주된 원인이 되기도 한다. 부부싸움, 교육문제, 신문구독자 확보경쟁, 음식점 단골잡기 싸움, 정치인들의 부정축재와 정경유착 등 가정에서부터 국가에 이르기까지 주요 갈등의 원천은 대부분 돈이다.

돈에 대한 집착이 인간성 상실로 이어진다는 사실을 우리는 잘 알고 있다. 셰익스피어(William Shakespeare)의 『베니스의 상인(The Merchant of Venice, 1596)』에 등장하는 샤일록, 찰스 디킨스(Charles Dickens)의 『크리스마스 캐럴(A Christmas Carol, 1843)』에 나오는 스크루지, 조지 엘리엇(George Eliot)의 작품 『사일러스 마아너(Silas Marner, 1861)』에 등장하는 주인공 마아너의 삶을 동경하는 사람은 아무도 없을 것이다. 왜 그런가? 돈으로 살 수 없는, 돈으로도 해결할 수 없는 것들이 우리 삶에 있다는 사실을 뻔히 알기 때문이다. 만일 부유한 사람들이 그리 행복하지 않다면 모든 사람이 부자가 되어야 할 이유도 없지 않은가? 돈에 집착하는 사람은 스스로 족쇄를 채우고 감옥에 사는 것과 다름없는 압박감을 느낄 가능성이 높다. 이를테면 '돈 – 사회적 지위 – 일류 대학 – 경쟁 – 교육비 부담 – 돈 버는 기계 – 존재감 상실 – 나는 누구인가' 등은 하나의 연결고리를 맺으며 오히려 불행의 시발점으로 작용할 수도 있다.

필자가 말하고 싶은 것은 행복은 도달해야 할 목적지가 아니라 과정이고 상당히 다양한 모습으로 우리에게 다가선다는 것이다. 인간의 무늬가 다른 것처럼 행복의 무늬도 다를 수밖에 없다. 행복(幸福)의 사전적 정의는 '복된 좋은 운수 또는 생활에서 충분한 만족과 기쁨(안심, 희망, 즐거움 등)을 느끼는 흐뭇한 상태'다. 과연 사람들은 어떤 때 충만한 느낌이나 즐거운 상태를 경험하고 운이 좋았다고 생각할까? 아마 사람들은 '만족' '기쁨' '즐거움' '재미' '웃음' '보람' '가치감' '평온감' '안정' '의욕' '희망' '그림' 등 다양한 형태와 모습으로 충만한 느낌이나 즐거운 상태를 표현할 것이다. 행복은 여러 가지 기분 상태와 여러 가지 양태로 분류될 수 있고, 따라서 행복은 다양한 모습으로 우리 삶에 끼어든다고 할 수 있다.

진화생물학자인 데즈먼드 모리스(Desmond Morris)는 『행복의 본질(The Nature of Happiness, 2006)』에서 생물학적 존재로서의 인간이 행복을 느끼는 방식은 매우 다양하다고 말한다. 이를테면 목표, 경쟁, 협동, 성적욕망, 대뇌, 유전, 위험, 고통, 선택, 정적, 믿음, 약물복용, 공상, 희극, 우연 등 행복의 내용과 경험의 방식은 사람마다 다르다는 것이다.[9] 이런 점에서 만일 누군가 행복을 꿈꾼다고 하면 우선 '행복은 사람마다 다르다'라는 사실을 인식하고 이를 수용해보려는 자세나 태도가 필요하다. 돈이나 사회적 성공 같은 획일화된 강박관념으로부터 벗어나는 것이 행복한 삶의 시작일 수 있다. 사실 인간이 걸어가는 수많은 길은 그 가치의 우열을 따질 수 없는 것이다. 어느 길을 걸어가든 그 길에서 스스로 인간다움을 세우고 자신만의 인생 시간표를 만들면서 고유한 인생을 더욱 값지게 살아가면 된다. 어느 길로 가든 그 길을 걸어가는 자가 행복하면 그만인 것이다.

인간은 사회적 생명체 – 관계와 소통의 필요

인간은 사회적 생명체다. 인간은 존재론적으로 이미 누군가와 관계를 맺고 살아가는 존재이기 때문이다. 인간(人間)이라는 한자는 독립적인 성인(人)이 누군가와 관계를 맺고 있는 존재(間)임을 알려준다. 인간은 원초적으로 사회적 존재일 수밖에 없다는 이야기다. 인간은 다른 인간과 섞여 있으면서 자신의 존재를 이해하게 되며 삶의 의미도 그 사이에서 찾게 된다. 인류 역사가 열린 초창기부터 가장 중요한 일 가운데 하나는 다른 존재와 좋은 관계를 유지하는 것이었다. 그러나 근대 이후의 사람들은 독립된 자아를 찾는 일에 더 열중했고, 과학문명의 발달은 실용성과 합리성을 강조하는 흐름을 낳았으며 이는 개개인의 존재를 부각시키면서 개성과 효율을 최고의 미덕으로 간주하는 사회적 분위기로 이끌었다. 독립된 자아 또는 개인주의의 강조는 개개인의 발전을 도모하는 데는 긍정적인 기여를 했지만, 자아에 대한 과잉된 욕구로 인해 사람들이 소통하지 않는 부정적인 결과를 낳기도 했다. 즉 개인의 탄생과 개성의 신장이 역설적으로 '관계와 소통의 부재'를 낳은 것이다. 이는 나아가 자기와 타인과의 공존이 어려워진 공동체를 만들어냈다. '인간은 사회적 생명체'라는 사실을 익히 알고 있으면서도 말이다.

더불어 경계의 해체와 거리의 소멸을 가능하게 해 준 정보통신 기술의 발전은 인간의 능력을 무한히 확장한 듯 사람과 세상을 거미줄처럼 묶어주고 있지만, 역설적으로 네트워크상의 관계와 소통이 현실의 공동체를 파괴하고, 오히려 다함께 혼자만의 외로움 속으로 빠져드는 부작용을 낳고 있는 것처럼 보인다. 개방과 공유의 정신으로 소셜 네트워크(social network)가 관계와 소통에 일정 부분 기여한 듯 보이지만, 다른 한편으로는 점점 더 많은 사람들이 웹상에서만 교류하는 것을 더 편하게 생각한 나머지 실제 공동체에서는 인간관계를 맺는 것 자체를 꺼리기도 한다. 이는 개인주의적 흐름이나 소위 '귀차니즘'과도 관련이 있다. 웹상에서 손쉽게 인간관계를 맺고 끊는 것이 일상화되면서 실제 공동체에서의 진솔한 인간관계 맺기가 어려워진 것은 아닌가라는 의구심도 떨쳐내기 어려운 상황이다. 홀로 정보통신 매체에 집착하는 사람들이 늘어나는 상황은 고독한 개인들이 점차 늘고 있는 병든 사회의 어두운 단면을 잘 보여준다.

누구나 행복한 삶을 꿈꾼다. 그 행복한 삶을 구성하는 요소 중에서도 다른 사람은 언제나 필수 존재다. 고대로부터 인간을 고통스럽게 하는 것은 질병이었다. 그것은 지금도 여전히 동일하다. 그러나 육체의 질병만큼이나 사람을 괴롭히는 문제가 있다면 그것은 마음과 정신의 고통이다. 외과적 치료가 가능한 질병은 상대적으로 손쉽게 치료될 수 있지만 마음과 정신의 고통은 의학으로도 치유하기가 어렵다. 마음과 정신의 고통을 야기하는 근본적인 원인 가운데 하나는 인간관계에서 오는 위기와 갈등이다. 사람들은 인간관계 때문에 울고

웃는다. 인간관계는 개인의 의지만으로는 되지 않는 문제이기 때문에 치유하는 데 어려움이 있다. 단기간에 집중적으로 노력하면 어느 정도 성과를 얻을 수 있는 영어나 수학과 달리 인간관계는 아무리 노력해도 그에 비례해 개선이 보장되지 않는다. 그렇다고 포기할 수도 없다. 사람은 결코 혼자 살 수 없으니 말이다.

관계의 깨짐은 소통의 부재를 야기하고, 이는 고통의 시작이자 불행의 원천이 될 수 있다. 그렇다면 관계와 소통 그리고 이에 기초한 행복을 얻고자 할 때 우리에게 필요한 것은 무엇일까? 바로 인문학이다. 행복론에 대해서는 오랜 세월 수많은 사람들이 많은 이야기를 해왔으나 행복은 지극히 주관적인 것이어서 특별한 정답이 없다는 게 학자들의 공통된 의견이다. 그럼에도 불구하고 행복론을 이야기하는 많은 심리학자들과 정신의학자들 모두 주저 없이 동의하는 행복의 조건이 있다. 그것은 인간이 관계 속에서 사회적 존재감을 느낄 때 행복할 수 있다는 것이다.[10] 행복하고 싶다면 무엇보다 '관계와 소통'이 필요하고, 이때 도움을 주는 학문이 인문학인 것이다.

왜 인문학이 관계와 소통에 도움이 될까?

한 마디로 인문학은 개인, 특히 자기 자신에게만 집중하지 않는다. 인문학은 나의 존재 의미를 깨닫게 해주는 동시에 타인의 존재 의미를 말하고, 역지사지(易地思之)의 정신을 가르쳐 공존하는 방법을 알려준다. 때문에 인문학은 타인의 처지와 나의 상황을 함께 바라볼 수 있는 균형감각을 기르는 데 매우 효과적인 학문이라 할 수 있다. 대부분의 사람들은 자신의 고통에만 관심을 갖고, 타인의 아픔에는 아랑곳하지 않는 경우가 많다. 타인의 아픔이나 고통을 이해하려면 무엇보다 공감의 자세가 필요하다. 공감은 상대방의 시선에 섰을 때 가능한 것인데, 역지사지와 같은 앎을 알려주는 인문학은 우리가 타인의 삶에 공감할 수 있도록 도울 수 있다.

그렇다면 공감의 태도, 역지사지의 자세, 타인의 처지와 나의 상황을 함께 바라보는 균형감각은 어떻게 기를 수 있을까? 앞서 말했듯 인간은 결코 혼자서는 살 수 없는 존재이기 때문에 인간관계에 대한 문제는 아주 오래전부터 큰 고민거리 중 하나였다. 올바른 관계 맺기의 실패로 죽음을 선택하는 사람들이 증가하고 있는 최근의 상황은 인간관계가 행복한 삶의 초역사적인 조건일 수 있다는 점을 보여준다. 그래서 많은 사람들이 '좋은 관계'를 삶의 목표 중 하나로 삼고 있는 것이다.

좋은 관계가 무엇을 의미하는지는 사람마다 다를 수 있으나 기본적으로 타인과의 원활한 소통을 위한 관계를 원한다면 우선 필요한 것은 타인과 자신의 '다름과 차이'를 인정하는 것이다. 사람은 모두 다른 무늬를 가진 존재다. 사람과 사람을 둘러싼 모든 문제를 연구대상으로 삼는 학문에 '인문학'이라는 이름이 붙여진 까닭을 살펴보면 이를 좀 더 명확히 이해할 수 있다. 문자 그대로 '인문(人文)'이란 '인간의 학문'이라는 뜻이지만 갑골문(甲骨文)을 살펴보면 좀 더 깊은 의미를 발견하게 된다. '인(人)'은 사람이 서 있는 옆모습을 형상화한 것으로 성인의 보호를 받고 자란 아이가 한 개체로 자립했다는 의미를 가진 것으로 해석할 수 있다. 또 '문(文)'은 '무늬'라는 의미를 함축하고 있다. 한자의 기원이라 할 수 있는 갑골문에서 '문(文)'자를 살펴보면 사람을 구별하기 위해 몸에 무늬를 넣거나 문신을 했다는 의미에서 유래했음을 알 수 있다.

'문(文)'자가 무늬로 해석될 때 인문은 '사람의 무늬'를 의미하는 것으로도 해석될 수 있을 것이다. 즉 인문학은 사람의 무늬에 대해 알아가는 학문인 것이다. 모든 사람이 '무늬'를 가지고 있다는 것은 중요한 함의를 담고 있다. 나무의 나이테나 호랑이의 무늬처럼 모든 사람은 외형적으로 비교적 쉽게 구별되는 무늬를 갖고 있다. 그런데 사람에게는 나무나 호랑이에게서는 찾아볼 수 없는 또 하나의 무늬가 있다. 바로 '마음'이나 '정신'이라는 무늬다. 외모는 쉽게 구별이 되지만 마음이나 정신은 쉽사리 알아채기 어렵다. 외모가 비슷한 사람은 있지만 똑같은 사람은 없는 것처럼 우리의 마음이나 정신이 만들어내는 무늬도 비슷할 수는 있겠지만 똑같을 수는 없다. 따라서 모든 사람은 외형적으로나 내면적으로 모두 다른 무늬를 지니고 있는데, 나와 타인 사이의 무늬가 다르다는 것을 인정하고 존중하는 것이 '관계와 소통'의 가장 중요한 출발점이 된다. 인문학은 이러한 앎을 우리에게 제공함으로써 행복한 삶을 도모할 수 있는 실천적 기회를 제공한다.

공자(孔子)가 말한 '화이부동(和而不同)'이란 이러한 점을 지적하는 것으로 이해할 수 있다. '남과 조화를 이루라'는 공자의 말은 자칫 독립적 주체의 개성은 없애고 남과 비슷하게 되라는 말처럼 들릴 수도 있다. 그러나 공자는 스스로 분명한 정체성과 개성을 가지고 있으면서 상대방도 나와 동일한 정체성과 개성을 가진 존재임을 인정할 때 비로소 조화로운 '관계와 소통'이 가능함을 말하고 있다.

> 子曰: 君子和而不同, 小人同而不和.
> 공자가 말했다. "군자는 화합(조화)하면서도 똑같지 않다. 그러나 소인은 똑같기만 할 뿐 조화를 이루지 못한다."
> – 『논어(論語)』 「자로(子路)」

어쩌면 나와 무늬가 다른 사람들 덕분에 우리의 관계나 사회는 더욱 다채로운 색을 가질 수 있고, 세상이 더 아름답게 보이는지도 모른다. 개인 나름의 고유한 개성을 가지는 것도 중요하지만, 서로 다른 개성이 어울렸을 때 더 조화롭고 아름다운 공동체를 이룰 수 있다는 점을 잊지 말아야 한다. 남을 판단하기는 쉬워도 이해하기는 쉽지 않다. 이해한다 하더라도 완전히 이해하는 것은 거의 불가능하다. 그렇다고 해서 타인에 대한 이해를 포기할 수는 없다. 나도 누군가에게는 타인일 뿐이기 때문이다. 타인, 즉 나의 이웃과 어떻게 살아가야 하는가는 행복과 직결된 문제다. 하지만 노력하지 않으면 원만한 관계를 이루기 어렵다. 그래서 우리는 타인의 행복과 불행에 관심을 갖고 몸소 '관계와 소통'을 실천한 분들을 존경스러운 눈빛으로 바라보는지도 모른다.

관계와 소통, 나의 중심을 세우는 일부터

물론 '관계와 소통'이 행복에 이르는 길이라고 해서 무조건 관계에 자신을 구속시킬 필요는 없다. 관계에 너무 집착해 자신을 잃어버리면 오히려 더 외롭고 힘들 수 있기 때문이다. 올바른 관계 맺기는 자기 자신의 중심을 찾는 일과 타인을 위한 배려 사이에서 적절한 균형을 맞추는 일이라고 해도 과언이 아니다. 그래서 자기 자신의 중심을 찾는 일은 타인과의 다름과 차이를 존중하는 일만큼이나 중요하다.

자기 자신의 중심을 찾는 일은 어떻게 가능할까? 만일 행복이 꿈을 이루는 것이라 한다면, 이때 중요한 것은 '누구의 꿈을 꾸며 살아갈 것인가?'라는 문제다. 우리나라 사람들은 유달리 관계, 특히 인적 관계망에 의해 구속당하는 경우가 많고 역할로부터 주어지는 구조적 관계 때문에 힘들어하는 경우가 많다. 가족을 예로 들자면 아버지로서의 꿈, 어머니로서의 꿈, 아들이나 딸로서의 꿈에만 매달리는 경우가 많다는 것이다. 하지만 자기 자신의 중심을 찾는 일은 관계나 역할에서 벗어나 진정한 자신의 꿈을 찾는 일로부터 시작된다.

아서 밀러(Arthur Miller)의 『세일즈맨의 죽음(Death of a Salesman, 1949)』은 산업화되고 물질주의가 만연한 현대문명 속에서 마치 하나의 소모품처럼 버려지는 소시민의 삶을 그려내고 있다. 또 이 작품은 아버지로서의 삶에만 천착한 나머지 자신의 꿈은 잃어버린 현대인들의 존재감 상실 그리고 여기에서 비롯된 아픔을 잘 보여주고 있다. 존재감 상실로 인한 아픔을 치유하기 위해 필요한 것이 바로 '나의 역사하기'다. '나의 역사하기'는 존재감을 찾고 자기 자신의 꿈을 꾸며 사는 것이 진정 행복한 삶의 출발점이라는 사실을 일깨워줄 수 있다. 기본적으로 자신의 행복을 극대화하기 위해 어떤 유형의 행복을 추구할 것인지는 전적으로 주체 스스로 결정하고 조합해 실천하는 것이다. 따라서 '나'의 욕망이 무엇인지를 알기 위해서는 '나의 역사'를 그려보는 것이 일차적인 방법이다. 우리가 어떤 문명이나 나라의 특성과 본질을 알고자 할 때 가장 먼저 살펴보는 게 무엇인가? 바로 그 문명이나 나라의 역사다. 또 며느리나 사위를 들일 때도 우리는 그들의 히스토리를 먼저 궁금해한다. 심지어 소개팅에서도 예외는 아니다. 왜 그럴까? 역사라는 것이 주체의 본질을 가장 잘 알려준다고 생각하기 때문이다.

역사는 기억의 또 다른 이름이다. 나의 역사를 스스로 그려보기 위해 우리는 먼저 '기억'이라는 우물에 다가가야 한다. 기억은 내 정체성의 핵심이기 때문이다. 기억을 잃어버린다는 것은 나의 존재를 잃은 것이나 마찬가지다. 기억이 지워

져 자기 삶의 흔적을 모두 잃어버린 기억상실증 환자를 아무 것도 아닌 존재처럼 생각하는 것은 이 때문이다. 내가 나이기 위해서는 내가 살아온 기억을 간직하고 있어야 하는 것이다. 기억은 나의 존재를 찾아가는 데 훌륭한 도구가 되어줄 수 있다. 그런데 안타깝게도 인간 기억의 저편에는 '망각'이란 놈도 자리 잡고 있다. 우습게 들릴지도 모르지만 역설적으로 기억력이 좋으면 오히려 불행해질 수 있다. 바꾸어 말해 행복한 기억의 요체는 망각이다. 여기서 필자가 이야기하는 행복한 삶을 위한 '나의 역사하기'란 기억할만한 일과 그렇지 않은 일을 선택과 배제의 원리를 통해 가려내고, 이 과정에서 가려낸 일들을 바탕으로 내 인생의 이야기를 새롭게 다시 쓰는 것을 의미한다. 다시 말해 내 삶의 기억을 재료로 '상상력＋스토리텔링(story-telling)', 즉 일종의 '인생 리텔링(Life Re-telling, 인생 다시쓰기)'을 시도하는 것이다.

기욤 뮈소(Guillaume Musso)의 소설 『종이 여자(La fille de papier, 2010)』에 등장하는 '빌리 도넬리'라는 여자 주인공은 소설 속 소설의 여자 주인공이다. 그런데 소설 속의 소설가가 자신을 아무 생각도 없고 유부남이나 좋아하는 허섭스레기 여성으로 그려내고 있는 것에 불만을 품고 소설 속에서 튀어나온다. 그리고 소설가에게 불만을 토로하며 자신을 이러저러한 여성으로 아름답게 그려낼 줄 것을 요청한다. 왜 그녀는 자신의 이야기를 다시 쓰고 다시 말하려 그렇게 애를 썼을까? 아마 자기 삶의 의미와 가치를 재탐색하고, 이를 통해 지금보다 더 나은 미래를 설계하기 위해서였을 것이다. 더욱 중요한 것은 리텔링(다시쓰기)의 주체가 리텔러, 즉 자기 자신이라는 사실이다. 리텔링은 스스로 자기 삶의 기억을 편집하고 왜곡된 역사(기억)를 재해석해 수정하면서 다시 쓰는 과정이다. 기본적으로 자신이 처한 삶의 조건에 대한 이해와 스스로에 대한 진지한 성찰을 위해 주체의 실천적인 행위가 필요한 일이다.

왜 이런 과정이 필요할까? 행복해지고 싶다면 우선 과거를 극복하고, 다시 미래를 설계해야 하기 때문이다. 따라서 리텔링은 자신의 세계관이나 인생관, 가치관을 수정해 재정립하고 자신의 생각을 적극 발화함으로써 더 나은 미래를 스스로 설계하고 제시하는, 일종의 '자기 치유적 과정'이라 할 수 있다. 자기 자신을 극복하고 비로소 진정한 자기 자신이 되는 '나의 역사하기'는 주체가 자신의 이야기를 다시 써가면서 존재감을 찾고, 자신의 욕망을 꿈으로 그려내는 미래지향적 작업인 것이다.

우리에겐 잊고 싶은 기억도 있고, 잊어서는 안 되는 기억도 있으며, 잊고 싶지 않은 기억도 있다. 내가 걸어온 길을 반추하며 당시 생각하고 느낀 점들을 다시 기억의 창고에서 꺼내 성찰해 본다면, 돈으로도 살 수 없고 물질적 가치로 계산할 수도 없는 행복한 미래 설계의 자산이 될 것이다. 내가 걸어온 길은 내가 가야 할 길의 이유가 된다. 삶을 의미 있게 잘산 사람은 풍부한 기억을 지니고 있고 인생의 이야기 또한 풍성하다고 한다. 그런데 이는 그 반대로도 이야기할 수 있다.

아름다운 삶의 추억을 많이 가진 사람일수록 더 긍정적인 삶을 살고 더 행복하게 지낸다고도 한다. '나의 역사하기'를 통해 내 인생의 리텔링을 시도해보는 것, 이것이야말로 행복한 내 삶의 시작이 될 수 있을 것이다.

공자의 인문학 이야기

공자는 인문학자

인문학이 만일 우리 삶의 행복을 도울 수 있다면 그것은 '관계와 소통의 복원'에 기여하는 것이다. 인간 삶의 고통은 앞서 말했듯 관계와 소통의 해체나 소멸에서 비롯된 측면이 크다. 따라서 인문학이 고통의 해소에 기여하려 한다면 인간 개개인은 물론 인간 존재가 맺을 수 있는 관계의 여러 형태에도 관심을 가져야 한다. 삶의 질을 고양할 수 있는 여러 층위의 사회적 관계망과 그 관계망 속에서 삶을 영위할 수밖에 없는 개인의 문제를 동시에 살펴야 하는 것이다.

인간 존재와 삶 그리고 관계에 대한 문제는 오래도록 인문학이 천착했던 주제였다. 이런 점에서 볼 때 사회적 약자와 소수자에 대한 관심, 관계 맺기를 중시한 동양의 고전들은 '지금, 여기'에서도 유용한 가치를 갖는다고 할 수 있다. 빠름과 효율이 최고의 미덕으로 간주되는 작금의 현실에서 고전은 폼 내기 좋은 지적 유희나 교양 쌓기의 일부로 치부될 수도 있겠으나 고전의 진정한 가치는 텍스트의 옳고 그름을 뛰어넘어 고전이 던졌던 물음들이 '지금, 여기'에서도 동일하게 적용된다는 점에 있다. 그래서 고전은 인간이 체험하고 있는 '지금, 여기'의 삶과 다가올 미래의 삶 모두에 좋은 자양분을 제공해줄 수 있다.

공자의 이야기는 인문학, 특히 문학과 역사가 '관계와 소통의 복원'에 도움을 줌으로써 인간의 행복한 삶이나 고통 치유에 도움이 될 수 있음을 알려준다.[11) 공자는 교육자와 사상가, 정치가로 이름이 나 있지만 그는 근본적으로 인문학자다. 인문학이 먹고 사는 데 필요한 도구로써 기능하는 것이 아니라 삶의 의미와 가치를 부여하는 학문임을 긍정할 때 공자는 누구보다 인간에 대한 관심과 애정, 희망과 기대를 가진 사람이었다. 또 사람이야말로 더 나은 사회를 만드는 주체가 된다는 믿음을 견지하고 있던 진정한 인문학자였다. 이는 공자가 개인과 사회의 관계성에 주목해 바람직한 사회상의 출발점으로 개인의 올곧은 삶에 대해 말한 인물이기 때문이다.

『논어』에서 우리는 다음과 같은 내용을 찾아볼 수 있다.

子所雅言, 詩書執禮, 皆雅言也.

공자께서는 평소에 늘 '시'와 '서'와 '예를 지키는 것'에 대해 말씀하셨다.

– 『논어』「술이(述而)」

『논어』가 공자의 행동과 제자들과의 문답을 기록한 것이라는 점을 염두에 둔다면 '평소에 말하는 것(雅言)'은 교육 내용과 밀접한 관계에 있다고 생각할 수 있다. 따라서 위의 기록은 『시경(詩經)』과 『서경(書經)』이라는 텍스트, 즉 문학과 역사가 각각 공자의 교육 과정에 있어 중요한 역할을 했음을 알려주는 근거로 제시될 수 있다. 지금처럼 학문이 세분화되지 않아 문학과 역사, 철학의 뚜렷한 구분이 없었을 때, 시(詩)와 역사고사(歷史故事)를 문학과 역사라는 범주로 나누어 구별하지는 않았겠지만 이들을 현대적 의미의 문학과 역사라는 범주에서 이해해도 큰 무리는 없을 것이다.

공자는 왜 늘 문학과 역사를 말한 것일까? 공자가 추구하는 학문의 목표와 교육 목표는 지식이 많은 사람을 양성하는 것이 아니라 도(道)와 하나 되는 삶을 살고 도를 인식하고 실천함으로써 진정한 '인간의 삶'을 사는 사람들을 길러내는 것이었다. 이러한 점을 염두에 둔다면 각각 문학과 역사의 범주에 포함되는 시와 역사고사는 단순 정보로써의 지식이 아니라 진정한 인간으로서의 성장과 완성을 위해 필요한 '삶을 위한 앎'이라 이해할 수 있을 것이다.

문학, 관계와 소통을 위한 공부

중국문학의 시원으로도 알려진 『시경』이 지금의 모습을 갖추게 된 것은 공자와 깊은 관련이 있다. 민간에 떠돌던 약 3천여 편의 노래들이 공자에 의해 정리되었다는 '공자의 산시설(刪詩說)'[12]이 설령 사실이 아니라 하더라도 『논어』에 『시경』에 대한 언급이 적잖이 발견되는 것은 적어도 공자가 『시경』에 대해 지대한 관심을 가지고 있었음을 잘 설명해준다.

공자가 『시경』을 자주 언급한 이유는 무엇일까? 제자들에게 시(詩)를 권하는 공자의 말에서 그 실마리를 얻을 수 있다.

> 子曰: 小子何莫學夫詩? 詩, 可以興, 可以觀, 可以羣, 可以怨. 邇之事父, 遠之事君, 多識於鳥獸草木之名.
>
> 공자가 말했다. "너희들은 어찌하여 시를 배우지 않느냐? 시는 일으킬 수 있으며, 살필 수 있으며, 무리를 지을 수 있으며, 원망할 수 있으며, 가까이는 어버이를 섬길 수 있게 하며, 멀리는 임금을 섬길 수 있게 하고 새와 짐승, 풀과 나무의 이름을 많이 알게 한다."
>
> ─『논어』「양화(陽貨)」

무엇보다 공자는 『시경』 공부를 통해 사회적 존재인 인간이 복잡한 인간관계 속에서 이상적으로 소통할 수 있다고 본 것이다. 공자는 『시경』 공부를 통해 제대로 흥을 불러일으킬 수 있고(興), 살필 수 있으며(觀), 무리를 지을 수 있고(群), 원망할 수 있다(怨) 말하고 있다. 주희(朱熹)는 '흥'은 분위기에 맞게 감정과 의미를 드러낼 수 있음을, '무리를 짓는다'는 것은 서로 어울리면서도 방탕하게 흐르지 않음을, '원망한다'는 것은 상대방에 대해 원망의 마음을 가질 수는 있지만 화내지 않음을 말한다고 해석한 바 있다.[13] 『시경』 공부를 통해 배울 수 있는 '흥·관·군·원'은 원만한 관계 속에서 생성되는 희로애락(喜怒哀樂)의 내용이자 그것의 적절한 표출 방식이라 이해할 수 있다. 이는 공자의 언급을 통해 쉽게 알 수 있다.

> 子謂伯魚曰: 女爲「周南」, 「召南」矣乎? 人而不爲「周南」, 「召南」, 其猶正牆面而立也與?
>
> 공자가 백어에게 말했다. "너는 「주남」과 「소남」을 배웠느냐? 사람이 되어 「주남」과 「소남」을 공부하지 않으면 마치 담장을 정면으로 마주하고 서 있는 것과 같을 것이다."
>
> - 『논어』 「양화(陽貨)」

「주남(周南)」과 「소남(召南)」은 『시경』의 편명으로 백성들이 골목에서 채집해 부르는 가요에 해당하는 노래다. 그런데 공자는 이를 공부하지 않으면 담장을 마주보고 서 있는 것과 같다는 비유로 그 중요성을 설명하고 있다. 「주남」과 「소남」은 『시경』의 서두에 있는 노래로 주희는 "사람들이 모두 성정(性情)의 올바름을 얻어 노래에 나타난 것이 즐겁기는 하지만 지나치지 않고, 슬프기는 하지만 마음을 상할 정도에 이르게 하지 않는 것을 알게 하는 노래"라고 설명하였다. 이는 개인의 감정을 긍정하면서 그것이 표출되는 두 가지 방향, 즉 자신과 타인을 향해 감정을 드러낼 때 적절한 균형감각을 갖게 됨으로써 왜곡되거나 공격적이지 않으면서 적합한 감정 표출방식을 배울 필요가 있음을 강조한 것으로 이해할 수 있다.

시(詩) 교육은 사람들 간의 교류를 통해 스스로를 수양하게 함으로써 더 즐거운 사회를 이룰 수 있는 기초를 제공해주고, 이는 결과적으로 사회적 소통을 가능케 하는 '조화로운 공동체의 완성'이라는 실용적 목적과도 직접 연결된다. 정보로써의 지식 습득, 다시 말해 새와 짐승, 풀과 나무의 이름 등 백과사전식 지식을 얻게 되는 것은『시경』공부를 하면서 부차적으로 얻어지는 이익이 될 것이다. 즉 공자에게 있어『시경』공부는 앎과 삶을 그리고 자신과 타인을 동시에 이해할 수 있는 일거양득의 공부였던 것이다.

공자는『시경』을 통해 제대로 말할 수 있는 능력 역시 갖출 수 있다고 보았다. 이는 인간관계에서 '말'의 중요성을 인식한 결과였을 것이다. 공자는『시경』공부를 통해 제대로 부모를 섬기고 더 나아가 임금을 섬길 수 있다고 말했는데, 이는 시로 윗사람을 풍자하고 아랫사람을 간접적으로 교화할 수 있음을 이야기한 것이다. 다른 계층 사이의 원활하고 적절한 소통의 도구로 꼽히는 시교(詩教)의 장점은 "윗사람은 풍자로써 아랫사람을 교화하고, 아랫사람은 윗사람을 풍자하니 잘 수식된 말로 은근하게 풍자하는 것이기 때문에 말하는 사람은 죄가 없고 듣는 사람은 스스로 경계할 수 있다(上以風化下, 下以風刺上, 主文而譎諫, 言之者無罪, 聞之者足以戒, 故曰風)."는 설명으로 대신할 수 있다. 사회적 존재와 '말하는 인간', 즉 '호모 로퀜스(Homo Loquens)'적 특징을 잘 포착한 이런 언급은 복잡한 인간관계 속에서 현명한 관계 맺기의 방법을 정확히 알려준 것으로 볼 수 있다.

그런데 언어를 통해 의사소통하는 유일한 동물인 인간에게 있어 말은 양날의 검과 같다. 이는 인간의 다양한 상황과 생각, 감정을 긍정한 『시경』 공부를 통해 상대방의 상황과 생각, 감정을 이해함으로써 더 조화로운 인간으로 발돋움할 수 있다는 사실을 공자가 강조한 까닭이다. 공자의 아들인 백어와의 문답을 보면 이는 더욱 명확해진다.

陳亢問於伯魚曰: 子亦有異聞乎? 對曰: 未也. 嘗獨立, 鯉趨而過庭. 曰: '學詩乎?' 對曰: '未也.' '不學詩, 無以言.' 鯉退而學詩.

진항이 (공자의 아들인) 백어에게 물었다. "그대는 (아버지인 공자로부터) 특별하게 들은 것이 있는가?" (백어가) 대답했다. "없다. 일찍이 홀로 서 계실 때 내가 빨리 뜰을 지나는데 '시를 배웠느냐?'하고 물으시기에 '못했습니다.'라고 대답했더니 '시를 배우지 않으면 말을 할 수 없다.' 하시므로 내가 물러가 시를 배웠다.

ㅡ 『논어』 「계씨(季氏)」

"『시경』을 배우지 않으면 말할 수 없다."는 공자의 말은 문자 그대로 말할 수 있는 능력의 여부를 묻는 것이 아니라 인간관계 속에서 적합한 말을 할 수 있는 '능언(能言)'의 능력을 가리키고 있다고 보아야 한다. 감정을 느끼는 것만큼 적절한 표현을 하는 것이 중요한 것처럼 하고 싶은 말을 다 하는 것이 '말 잘하는 것'이 아니라 적절하고 적합한 말을 할 줄 아는 것이 '말 잘하는 것'이기 때문이다. 화이부동의 실천을 강조한 공자의 입장에서 볼 때 '능언'이란 정확한 의사 전달을 비롯해 사회적 관계에 어울리는 언어 사용, 개인적 감정까지 고려한 적실한 표현이 가능한 의사소통 능력의 배양까지를 포함하고 있는 것이라고 볼 수 있는 것이다.

공자는 문학의 기본적인 기능인 다양한 정서와 감정의 표출 그리고 문학 자체가 주는 즐거움도 빼놓지 않고 있다. 사랑을 노래한 「관저」편에 대한 평가는 이런 측면에서 이해할 수 있다.

子曰: 關雎, 樂而不淫, 哀而不傷.
공자가 말했다. "『시경』「관저」편은 즐거우면서도 지나치지 않고 슬프면서도 감정을 상하지 않게 한다."
　　　　　　　　　　　　　　　　－ 『논어』「팔일(八佾)」

공자가 사랑으로 인한 즐거움(樂)과 슬픔(哀)의 감정을 동시에 노래한 「관저」를 높이 평가한 것은 그것이 꾸미거나 계산

51

되지 않은 감정이고, 그 감정을 적절히 분출할 수 있는 '시'의 순기능적 역할을 발견했기 때문이다. 쾌락과 슬픔의 감정을 긍정하면서도 감정의 표현에 있어 적절한 형식의 필요성을 언급한 것인데, 즐겁거나 슬프거나 모두 극단의 경지까지 이르지 않도록 하는 것은 타인의 기쁨이나 슬픔에 대해서는 적극적으로 공감하되 스스로를 상하게 할 정도에 이르는 것은 경계해야 함을 조심스럽게 언급한 것이다.

공자는 고대인들의 생각과 감정을 노래한 시가집『시경』을 "생각에 간사함이 없다(思無邪)"는 짧지만 힘 있는 한마디의 말로 정리했다.

> 子曰: 詩三百, 一言以蔽之, 曰: '思無邪'.
> 공자가 말했다. "『시경』300편의 뜻을 한 마디로 대표할 수 있다면 '생각에 간사함이 없다.'는 것이다."
> — 『논어』「위정(爲政)」

일찍이 '문질빈빈(文質彬彬)'[14]이라는 말로 형식과 내용을 강조하고 실용성과 미학적 측면을 동시에 추구하는 태도를 견지하고 있었지만, 공자는 문학의 사회적 효용성에 더욱 무게를 둔 것으로 보인다. 이처럼 문학은 한 개인이 스스로의 내면과 소통하는 방법을 체득하게 하는 것일 뿐만 아니라 사람과 사람이 소통하는 데 있어 필요한 학문의 수단이자 목표점이 된다. 이는 문학이 인간의 이성과 감성을 동시에 포괄할 수 있는 학문이기에 가능한 것이다.

공자의 생각을 가만히 들여다보면 공부를 하는 목적에는 관직을 얻기 위한 현실적인 이유도 포함되어 있었지만 삶 속에서 가치를 실현하는 것이 더 큰 목적이었다. 공자에게 있어 가치와 신념대로 살아내는 것, 그래서 인격적이고 인간다운 모습을 갖추는 일이 가장 현실적인 것이었는지 모른다. '생각에 사악함이 없다.'는 말로 요약할 수 있는 『시경』 공부에 대한 강조는 스스로에 대한 반성과 수양, 인간관계에 대한 부단한 성찰, 인간관계에서 진정한 소통을 이루는 방법, 더 나아가 발전된 사회의 추구를 기대한다는 의미로 읽을 수 있기 때문이다.

공자에게 있어 문학은 단순히 개인적 차원의 즐거움을 포함할 뿐만 아니라 공리적 목적을 갖는 것으로도 해석 가능할 것이다. 공자가 문학을 통해 얻고자 한 것은 기본적으로 개인적 차원을 포함하고 있으며 그것을 넘어선 인간다운 삶의 실현, 그 개인이 관계를 맺고 있는 사회와 문명의 바람직한 소통이라는 이상을 염두에 둔 것이었다.

역사, 개인과 사회 모두를 위한 가르침

많은 이들이 역사가 무슨 효용이 있느냐고, 또 역사가 인간 삶의 행복이나 고통 치유에 무슨 도움을 주느냐고 말한다. 하지만 이는 매우 근시안적이고 편협한 사고다. 앞서 '나의 역사하기'에서도 언급했지만 역사는 인간 정체성의 근원이기 때문에 중요하다. 키케로가 말한 것처럼 역사는 '기억의 생명'이고, 기억이 사라진 존재는 아무 의미가 없는 존재라고 한다면 역사는 유의미한 존재의 가장 중요한 근거이자 긍정적인 미래를 향한 출발점이 된다. 인간의 삶이란 모름지기 기억의 언저리를 벗어날 수 없기 때문이다. 역사는 인간 기억의 저장고에 펼쳐진 다양한 삶의 모습을 발굴하고 복원하면서 새로운 미래의 삶을 제공하는 거울이다. 자신이 어찌 살아왔는지를 제대로 알아야 어찌 살아가야 할지를 궁리할 수 있는 것 아니겠는가?

『논어』 속 역사고사를 통해 우리는 역사의 효용과 의미를 쉽게 파악할 수 있다. 물론 『논어』는 역사학적 텍스트는 아닐 수 있다. 하지만 『논어』에 기록된 역사고사를 통해 동양의 역사서들이 공통적으로 갖고 있는 감계(鑑戒, 거울을 보듯 과거에 현재를 비추어 보는 것)와 포폄(褒貶, 붓으로 역사의 잘잘못을 따지는 것)의 전통을 발견해볼 수 있다. 『논어』를 살펴보면 특히 역사의 효용과 방향이 하나로 통합되어 있음을 발견할 수 있는데, 공자가 말한 '온고지신(溫故知新)'의 의미를 헤아려보면 이는 더욱 명확해진다. 공자가 강조한 것은 온고(溫故)를 통한 지신(知新)의 경지였다. 역사(事實, fact)를 통해 새로운 역사(史實, historical fact)를 쓰겠다는 것이 온고지신의 참뜻이다. 그래서 공자는 무엇보다 '있었던 일(事實)'에서 우리 삶에 귀감이 될 만한 사례를 발굴해내는 작업이 자신의 목적이라 말하고 있다.

子曰: 述而不作, 信而好古

공자가 말했다. "서술하되 창작하지 않고, 옛것을 믿고 좋아한다."

— 『논어』 「술이(述而)」

그런데 공자는 단순히 '있었던 일'을 발굴하는 데 그치지 않았다. 공자는 '있었던 일'을 발굴해 기술하려는 것이 아니라 이를 재역사화(再歷史化)하는 과정을 통해 교훈을 제시함으로써 더 바람직한 미래를 만들어 갈 수 있다는 '춘추(春秋)의 필법(筆法)'을 구사했다. 이는 공자가 단순히 '있었던 일'을 있는 그대로 재현하거나 명료하게 밝히는 데 관심을 두었던 것이 아니라 미래에 달성할 궁극적 목적의 당위성을 역사에서 찾으려 했기 때문이다. 과거의 사실(事實)은 현재에 평가되며 미래를 위한 실천의 준거가 된다. 이는 미래에 구현해야 할 목적의 당위성과 그 준거 역시 역사 속에 있다는 말이 된다.

子貢曰: 詩云, '如切如磋, 如琢如磨', 其斯之謂與? 子曰: 賜也, 始可與言詩已矣, 告諸往而知來者.

자공이 말했다. "『시경』에 절차탁마한다고 하였으니 이것을 말함일 것입니다." 공자가 대답했다. "사와 비로소 더불어 시를 말할 만하구나. 지나간 것을 말해주자 올 것을 아는구나."

— 『논어』 「학이(學而)」

공자의 온고지신은 이후 역사의 교훈성과 귀감을 강조하는 전통적인 동양 역사관에 투영되어 감계와 포폄의 전통을 낳았다. 우리는 환공(桓公)에 대한 공자의 다양한 포폄을 참고해 볼 수 있다.

子路曰: 桓公殺公子糾, 召忽死之, 管仲不死. 曰: 未仁乎? 子曰: 桓公九合諸侯, 不以兵車, 管仲之力也. 如其仁, 如其仁.

자로가 말했다. "환공이 공자 규를 죽이자 소홀은 죽었고 관중은 죽지 않았으니 관중은 인하지 못할 것입니다." 공자가 대답했다. "환공이 제후들을 규합하되 병거를 쓰지 않은 것은 관중의 힘이었으니 누가 그의 인만 하겠는가? 누가 그의 인만 하겠는가?"

— 『논어』 「헌문(憲問)」

子貢曰: 管仲非仁者與? 桓公殺公子糾, 不能死, 又相之. 子曰: 管仲相桓公, 霸諸侯, 一匡天下, 民到于今受其賜. 微管仲, 吾其被髮左衽矣. 豈若匹夫匹婦之爲諒也, 自經於溝瀆而莫之知也?

자공이 말했다. "관중은 인자가 아닐 것입니다. 환공이 공자 규를 죽였는데 죽지 못하고 또 환공을 도와주었으니……" 공자가 대답했다. "관중이 환공을 도와 제후의 패자가 되어 한번 천하를 바로잡아 백성들이 지금까지 그 혜택을 받고 있으니, 관중이 없었다면 나(우리)는 그 머리를 풀고 옷깃을 왼편으로 하는 오랑캐가 되었을 것이다. 어찌 필부필부들이 작은 신의를

위해 스스로 도랑에서 목매어 죽어 남이 알아주는 이가 없는
것처럼 하겠는가?"

- 『논어』「헌문」

공자는 독일의 역사학자 마르크 블로흐(M. Bloch)의 질문처
럼 "역사란 어디에 쓰는 건가요?"라는 역사학의 실제적인 효
용성에 대한 물음에 이미 오래전에 답을 한 셈이다. 역사는
일종의 범례를 제시함으로써 한 시대를 살아가는 모든 이들
에게 앞으로 나아가야 할 방향을 제시해주는 데 무엇보다 효
과적이라 말한 것이다. 즉, 역사가 주는 일반적이면서도 가장
큰 이익은 교훈을 준다는 것이다. 따라서 만일 인문학이 삶의
바람직한 방향을 제시해주는 데 도움을 줄 수 있다면, 이때
역사는 하나의 효과적인 치유 수단이자 행복으로 가는 공부
방법이 될 수 있음을 공자는 여실히 보여주고 있는 것이다.

子曰: 伯夷叔齊, 不念舊惡, 怨是用希.
공자가 말했다. "백이와 숙제는 남이 옛날에 저지른 잘못을
생각하지 않았다. 이 때문에 원망하는 사람이 드물었다."

- 『논어』「공야장(公冶長)」

다시 말해 공자는 개인이 어떻게 살아야 할지를 역사 속에
서 발굴해 제시해주고 있는 것이다. 이는 인간의 미래 삶의
준거가 역사에 있다고 믿었기 때문이다. 그런데 역사, 즉 '있

었던 일'의 중요성은 단순히 개인적 차원의 문제가 아니라 국가와 사회, 나아가 문명적 차원까지 확대할 수 있는 성질의 것이다. 공자는 바람직한 사회를 이루기 위해 준거로 삼아야 할 것이 무엇인지를 역사 속에서 찾으면서 공동체와 문명에 대해서도 관심의 시선을 두었다.

子曰: 夏禮吾能言之, 杞不足徵也, 殷禮吾能言之, 宋不足徵也. 文獻不足故也. 足則吾能徵之矣.

공자가 말했다. "내가 하나라의 예를 말할 수 있으나 (그 후손의 나라인) 기나라에서 충분히 근거를 대주지 못하고, 내가 은나라의 예를 말할 수 있으나 (그 후손의 나라인) 송나라에서 충분히 근거를 대주지 못하니 이는 문헌이 부족하기 때문이다. 문헌이 충분하다면 내가 증거를 댈 수 있을 것이다."

— 『논어』 「팔일(八佾)」

子張問: 十世可知也? 子曰: 殷因於夏禮, 所損益, 可知也, 周因於殷禮, 所損益, 可知也. 其或繼周者, 雖百世, 可知也.

자장이 물었다. "어떻게 열 왕조 뒤의 일을 미리 알 수 있습니까? 공자가 대답했다. 은나라는 하나라의 예를 답습하였기 때문에 가감을 알 수 있으며, 주나라는 은나라의 예를 답습하였기 때문에 그 가감을 알 수 있다. 혹시라도 주나라를 잇는 자가 있다면 비록 백세 뒤라도 알 수 있을 것이다.

— 『논어』 「위정(爲政)」

자장(子張)은 스승인 공자에게 먼 미래까지 볼 수 있는 거시적인 통찰력과 혜안을 갖는 방법에 대해 묻는다. '미래'를 향한 제자의 질문에 공자는 아이러니하게도 '있었던 일'을 들어 대답한다. 공자는 왜 과거, 역사를 언급한 것일까? 과거를 돌아본다는 것은 그저 범례로써만 살피는 것이 아니라 그 과거를 비판적으로 읽어내는 안목을 요구한다. 역사가 주는 교훈은 그때 진정으로 바람직한 삶의 준거로서 의미가 있을 것이다.

공자가 견지하고 있는 역사에 대한 입장은 역사의 방향이 과거에 있는 것이 아니라 미래에 있다는 것이다. 우리는 공자로부터 '성찰하지 않으면 미래는 없고, 심판하지 않으면 진보도 없다'는 미래지향적 성격의 역사 인식을 살펴볼 수 있다. 공자는 철저하게 자신이 살던 당대에 대한 현실인식으로부터 출발해 과거를 되짚어보고 미래로 나아가기 때문이다.

> 子曰: 我非生而知之者, 好古敏以求之者也.
> 공자가 말했다. "나는 나면서부터 알게 된 사람이 아니라
> 옛 것을 좋아해 민첩하게 그것을 구한 자이다."
>
> —『논어』「술이(述而)」

공자가 말하는 '있었던 일'은 바람직한 '지금, 여기'와 인간이 나아가야 할 미래의 설계를 위한 준거가 된다. 따라서 공자에게 역사는 미래지향적 차원의 문제가 된다. 혼란의 시대를 산 공자는 냉철한 현실인식에 근거해 과거의 흐름 위에서

현실의 역사적 위치를 파악하고, 개인과 사회 모두의 미래 방향성을 제시하고자 했다. 즉 공자는 온전한 인간 삶을 위한 위기로부터의 탈출, 그리고 거대 문명의 안정적 발전을 확보하기 위해 역사적 포폄을 도모한 것이다. 공자는 미래를 '오래된 과거'라고 이미 인식하고 있었던 셈이다.

공자는 죽기 전에 『춘추(春秋)』를 썼다. 공자는 역사적 성찰이야말로 인간의 갈 길을 밝혀주는 믿음직한 준거라 믿었기 때문이다. 공자의 시대에도 '지금, 여기'의 문제는 초월적인 신이 아니라 인간에 의해 발현되고 해소되는 것이었다. 또 역사는 공자의 사상이 마지막으로 도달하는 귀결점이었다. 이는 공자가 인문학자이면서 삶과 역사의 치유자였기 때문에 가능한 결론이었을 것이다.

이탈리아의 역사가 크로체(B. Croce)의 '모든 역사는 현대사'라는 주장처럼 역사란 '지금, 여기'의 역사적 위치를 파악하고 그 위에서 미래 방향을 찾아가는 것을 목적으로 삼는다. 따라서 만일 누군가 고통에 처해 고단한 삶의 여정을 걸어가고 있다면, 이때 필요한 것은 단연 역사의 원리이자 그것이 제시해주는 교훈일 것이다. 공자가 역사를 통해 보여준 것처럼 관계망 속에서 부유하는 자신의 과거를 철저한 현실인식 위에서 돌아보거나 자신과 유사한 삶의 궤적을 살펴보면서 미래의 방향을 설정하는 것은 현실의 고통을 이겨내고, 새로운 삶의 전기를 마련해가는 치유의 과정이 될 것이다. 이는 사회도 마찬가지일 것이다.

공자에게서 무엇을 배울 것인가?

인문학이 누군가의 삶의 행복과 고통의 치유를 돕는다면 이때 인문학은 관계망을 벗어나 있는 개인에게만 초점을 맞추어서는 곤란하다. 왜냐하면 인간은 관계망 속에서 삶을 영위하는 존재이기 때문이다. 따라서 인문학의 관심 대상은 개인을 넘어 인간이 맺고 있는 다양한 관계망에 의해 성립된 집단, 즉 국가나 사회, 민족까지도 포함할 수 있어야 한다. 공자의 이야기에 주목한 이유가 바로 여기에 있다.

공자는 삶의 희로애락을 노래했던 시(詩) 공부를 통해 철저히 인간관계 속에서 존재하는 한 인간이 개인과 개인, 개인과 사회는 물론 스스로 소통할 수 있는 방법을 배워간다는 사실을 일깨우려고 하였다. 공자는 인간이 복잡다단한 감정과 생각을 가진 존재임을 긍정하고, 역사 공부를 통해 인간이 어떠한 방식으로 자신을 표현하고 타인을 받아들여야 하는지 배울 수 있다고 보았다. 또 부단한 성찰과 반성 그리고 실천을 통해 진정한 '인간 삶'을 구현하는 방법을 배울 수 있다고 보았다.

공자는 역사의 유의미성에 대해서도 부단히 논했다. 공자는 역사고사를 통해 개인의 행위와 그것이 갖는 사회적 의미가 무엇인지를 깨닫게 하려고 끊임없이 노력했다. 이는 개인과 사회가 서로 분리될 수 없다는 관계망의 차원에서 역사를 논했기 때문이다. 이는 인문학이 단순히 개인의 고통 치유나 삶의 행복에만 천착할 것이 아니라 사회와의 관계성 속에서 그 정체성을 밝혀야 함을 말해준다 할 것이다.

고전은 '지금, 여기'에서도 여전히 유효한 문젯거리와 현답을 제공해 줄 수 있기 때문에 그 의미와 가치가 있다. 역사 속 스승들의 사유가 자칫 진부한 것처럼 여겨질 수 있겠지만 인간사를 뒤덮고 있는 난제들에 대해 상당히 자세하게, 또 깊이 있게 다루고 있기 때문에 소중한 공부의 소재일 수밖에 없다. 공자는 극기복례(克己復禮)를 통해 각기 다른 인격과 개성을 지닌 사람들이 서로 소통하며 '인(仁)'한 길을 걷는 대동(大同) 사회를 구현하려 했다. 공자가 부단히 말했던 문학과 역사의 효용은 상처입고 고통받으며 인간관계 속에서 삶을 살아가고 살아내야 하는 모든 사람의 '관계와 소통'을 위한 행복한 조언이다.

인문학과 복지, 그 '관계와 소통'을 위해

　이 장에서는 인문학의 사회적 활용을 복지 영역에서 찾아보려 한다. 인문학과 복지 모두 개념적·실천적으로 개인의 자아실현과 공동체의 행복을 통해 바람직한 사회상을 그려보려는 목표를 지향하는 영역이고, 따라서 두 영역은 상호보완적이면서 상호지원적인 역할을 수행함으로써 인간 삶의 질 고양에 기여할 수 있다.[15]

사회서비스와 인문학의 관계 맺기

　사회 양극화나 계층 간 격차 등 일련의 신자유주의적 경쟁 체제가 몰고 온 사회 흐름 속에서 공적·사회적 지원을 통해 인문학적 수혜가 필요한 모든 대상에게 인문학을 제공하는 것은 인간 삶의 질을 고양할 수 있는 하나의 방식이 될 수 있다.

인문학과 복지의 관계는 단순히 콘텐츠 제공과 목적 실현의 구도로만 파악할 것이 아니라 '인간 행복의 추구'라는 공통된 목적을 지향한다는 측면에서 바라볼 필요가 있다. 이는 인문학적 콘텐츠와 실천의 방식이 사회서비스와 결합될 수 있는 가능성이 있기 때문이다. 보건복지부는 사회서비스를 '일반적인 의미에서 개인 또는 사회 전체의 복지증진 및 삶의 질 향상을 위해 사회적으로 제공되는 서비스'로 정의내리고, 이를 사회적 합의에 기초해 개인과 국가가 공동의 책임을 지는 영역으로 판단하고 있다. 공공행정(일반 행정, 환경, 안전), 사회복지(보육, 아동 ·장애인 ·노인 보호), 보건의료(간병, 간호), 교육(방과 후 활동, 특수 교육), 문화(도서관 ·박물관 ·미술관 등 문화시설 운영) 등이 사회서비스에 해당하는 영역인데, 이는 사회서비스가 기본적으로 개인이 감당할 수 없는 서비스를 공적 영역에서 일상적으로 공급해 개인과 공동체 모두의 삶의 질 향상에 기여하는 호혜주의(互惠主義)적 동기의 산물이라는 점을 잘 보여준다.

사회서비스가 정책적 차원에서 추진된 배경은 무엇보다 새로운 사회적 환경의 대두와 관련이 깊다. 첫째, 새로운 사회적 위험, 즉 저출산 ·고령화 등 인구구조의 변화, 핵가족화 등 가족구조의 변화, 여성의 경제활동 참여 증가로 돌봄이나 양육과 같은 사회서비스에 대한 수요 증가 현상을 들 수 있다.

둘째, 사회 양극화의 심화가 상대적 취약계층의 증가로 이어져 저소득계층이나 아동·노인·장애인 등 취약계층의 삶의 질 향상을 도모하고, 이들의 경제활동 참여 촉진과 빈곤층 전락을 예방할 필요성이다. 셋째, 취약계층 보호 외에 인적자본 형성을 통한 예방적 복지를 통해 신빈곤층의 확산을 제어함으로써 빈곤의 세습 방지와 사회 이동을 촉진할 필요성이 제기되었기 때문이다. 마지막 현실적인 이유로 괜찮은 일자리 창출을 통한 능동적 복지를 구현하기 위함이었다. 이는 지역을 중심으로 하는 지역사회서비스 투자사업으로 이어졌는데, 이는 사회적 환경 변화에 따른 새로운 사회서비스 욕구가 지역 및 계층별로 다양하게 분출해 전통적인 중앙집중 접근 방식으로 대응하는 데 한계가 있고, 지역사회가 지역별·계층별 특성에 맞는 다양한 사회서비스를 분권적 방식으로 주도해 개발할 필요성이 있다는 문제의식의 결과였다.

고용노동부에서도 사회서비스와 연계한 사회적 기업 양성 사업을 활발하게 전개하고 있다. 고용노동부에서는 사회서비스를 '개인 또는 공동체의 복지증진 및 삶의 질 제고를 위해 사회적으로 제공되는 서비스로서 교육, 보건, 사회복지, 보육, 문화, 예술, 관광, 운동, 환경, 산림보전 및 관리, 지역개발, 간병 및 가사지원 관련 서비스 등과 이에 준하는 서비스'로 정의하고, 사회서비스 주요 수혜 대상인 취약계층을 '사회적기업육성법 제2조 제2호 및 같은 법 시행령 제2조에 의한 저소득자, 고령자, 장애인, 성매매피해자, 그밖에 노동부장관이 취약계층으로 인정한 장기실업자 등'으로 규정한다. 한마디로 고용노동부의 사회적기업 양성사업은 취약계층의 사회적 일자리를 창출하는 데 목적이 있다. 교육과학기술부에서도 다양한 사회서비스 사업을 시행하고 있는데, 대표적으로 교육복지투자우선지역 지원사업과 저소득층(농산어촌 포함)에 대한 방과 후 학교 지원 사업, 민간을 중심으로 시작된 빈곤아동과 부모 대상의 위 스타트(We start) 사업 등이 있다. 이 사업들은 계층 간 경제적 격차와 교육 격차 심화를 해소해 저소득층과 낙후지역 청소년의 삶의 기회 및 교육 기회를 확충할 목적으로 실시되었는데, 이는 특정 사회계층을 대상으로 대규모 교육복지 사업을 추진했다는 점에서 매우 이례적인 일로 받아들여지고 있다.

2003년 서울, 부산 등 8개 지역에서 시범적으로 시작해 현재에 이르고 있는 이 사업은 단일 학교만을 대상으로 하는 지원방식에서 벗어나 교육청, 일반지자체, 민간 복지기관, 시민사회단체 등이 유기적인 네트워크를 구성해 진행함으로써 사업지역이 교육을 매개로 단일 공동체를 형성했다는 점에 특징이 있다. 이 사업은 사회 양극화 심화로 인한 취약계층의 교육기회 불평등을 완화하고, 지역별·학교별 교육 격차 해소에 무게 중심을 두고 있다. 이는 교육, 문화, 복지의 유기적 연결망을 지역 중심으로 구축해 교육기회의 평등과 권리를 실현하고자 한다는 점에서 큰 의의가 있다. 사업내용은 크게 학습능력 증진, 문화체험 활동 지원, 심리 및 정서 발달 지원, 교사와 학부모 지원, 복지프로그램 활성화, 영유아 교육, 보육 활성화 지원 등이 있다. 공교육 내실화와 전인교육 실현을 목적으로 하는 창의적 체험활동은 2009년 3월 기본계획 수립, 2010년 9월 시범사업을 거쳐 현재 전면적으로 시행되고 있다. 이 사업의 목표는 배려와 나눔을 실천하는 인성 교육, 새로운 가치를 창출하고 동시에 더불어 살 줄 아는 인재 양성에 두고 있다.

각 부처의 사회서비스는 기본적으로 국가 단위에서 재정을 지원하는 체계지만, 그 실행과 운영 그리고 창의적 사회서비스의 발굴은 전적으로 지역의 몫이다. 즉 사회서비스는 탈중앙집권적인 분산화 방식의 복지시스템으로 볼 수 있다. 더불어 지역을 중심으로 전개되는 다양한 사회서비스 사업은 한 사회의 모든 자원을 그 사회 구성원들이 공유하고 함께 나눌 수 있고, 나눔의 바탕 위에서 스스로의 발전을 돕는다는 의미에서 '관계와 소통'을 실현하는 실천 방식 가운데 하나라고 할 수 있다. 이는 인문학이 사회서비스와 접목될 수 있는 성질의 학문임을 보여준다 할 것이다.

사실 인간 사회의 모든 현상은 인간을 중심으로 발현되고 있고, 사회의 모든 재화와 용역은 기본적으로 인간을 향해 있다. 인문학은 인간 삶의 가치를 다루고, 이를 통해 삶의 질 향상을 돕는 학문이다. 인문학은 자기 존재의 고유한 가치를 깨닫고, 그 속에서 자기 존재의 본질적인 의미를 깨닫도록 함으로써 좀 더 행복하고 질 높은 삶을 향유할 수 있도록 돕는 역할을 한다. 누군가 삶의 고단함 속에서 고통을 느끼고 있다면 그에게 필요한 것은 단순한 물질적 조건의 향유가 아니라 인문학적 앎이 제공해 줄 수 있는 존재감이나 행복감일 것이다.

더구나 인문학은 개인의 행복에만 관심을 기울이지 않는다. 인문학은 개인의 계발이나 행복을 강조하지만 '관계와 소통'에 주목하며 인간 삶과 그 관계의 의미에 천착한다. 이런 점에서 인문학은 개인 또는 공동체 전체의 삶의 질을 고양하고, 이로써 건강한 사회를 지속하려는 우리 정부의 사회서비스 사업 영역에서 매우 중요한 역할을 담당할 수 있으리라 본다. 사회적 정의의 실현과 인간 삶의 질 고양을 도울 수 있는 인문학은 사회서비스로써 제공될만한 가치가 있고, 사회서비스는 그 자체로 인문학 정신을 구현하는 실천의 한 방식이 될 수 있을 것이다.

인문학 활용하기

사회서비스와 인문학은 어떤 관계에 있을까? 먼저 사회복지의 개념과 목적을 살펴보자. '사회복지'는 흔히 복지와 복지를 위한 사회제도를 뜻하는 용어로 사용된다. 일반명사로서 '복지'는 모든 인간의 궁극적 목표인 행복(wellbeing)의 주관적인 체감 정도 또는 객관적으로 실제 이용 가능한 서비스에 대한 만족 상태를 나타낸다. 사회복지라고 할 때는 좀 더 구체적으로 사회 모든 구성원들이 복지(행복)를 위해 체감할 수 있도록 실제 필요한 정책과 서비스를 국가 또는 전체로서의 사회가 책임을 지고 제도화하고 실행하는 것을 나타낸다. 사회복지는 국민들이 기본적인 욕구를 충족하는 가운데 행복한 삶을 영위할 수 있도록 사회전체가 노력하는 과정과 그 산물인 제도와 정책, 서비스 프로그램 등을 총칭한다.

현대의 사회복지는 기본적으로 국민 전체가 대상이 되며 국민의 세금을 재원으로 충당하는 공적 영역이다. 사회복지는 사회의 모든 구성원들이 최소한의 인간다운 생활을 영위할 수 있도록 신체적 건강, 정서적 안정 그리고 경제적 안정 등 기본적인 욕구를 충족시킬 수 있게 필요한 사회적 지원을 제공한다. 사회취약계층이나 일부 특수 욕구를 가진 사람들뿐 아니라 사회의 전 구성원을 대상으로 하며 누구든 예방 차원과 사후 차원에서 필요(욕구)가 발생할 경우 국가나 사회로부터 지원을 받을 수 있다. 사회복지는 기존의 사회제도들이 적절히 수행하지 못한 사회적 지원 기능을 수행하기 위해 등장한 새로운 제도다. 사회복지의 목적은 개인이 적절한 사회적 기능을 수행함으로써 자기실현과 행복을 성취하도록 돕기 위한 것이다.[16]

인문학은 사회복지의 개념 및 목적과 매우 유사한 정신과 가치를 담고 있는 학문이다. 인문학은 인간 삶의 가치를 다루고, 이를 통해 삶의 질 향상을 돕는 학문이다. 많은 이들은 편리한 도구를 만들어 내는 실용 학문이나 경제적 이익 창출에 유리한 학문에만 관심을 쏟는다. 그런데 정작 그 실용성과 경제적 이득의 최종 지향점이 더 나은 삶과 직결되는 것이라면 인문학이야말로 가장 실용적이면서도 이득이 되는 학문이라 할 수 있다. 인간 삶의 가장 기본적인 것들과 결부된 문제들에 대한 해석과 비판 그리고 성찰은 인문학적 사유의 주된 부분이기 때문이다. 즉 인문학은 수많은 인간 삶의 절박한 문제들의 해결책을 도출하기 위해 반드시 거쳐야만 하는 출발점인 것이다.

인문학은 인간을 둘러싼 여러 문제의 발생을 미연에 방지하는 예방 학문으로써 효과적인 역할을 할 수 있다. 또 사회서비스는 사회의 모든 자원을 그 사회 구성원들이 공유하면서 개인과 공동체 모두의 삶의 질 향상을 꾀한다. 이는 사회적 정의의 실현 또는 사회적 갈등의 조정과 치유를 도모하는 인문학 정신과도 상통한다. 이런 점에서 인문학은 이미 그 안에 사회복지의 이념을 내포하고 있다 할 수 있으며, 우리는 효과적인 실천을 통해 그 이념을 실현시킬 수 있는 방법론을 궁리할 필요가 있다. 인문학은 21세기에 필수적인 사회적 자본의 하나로 투자할 가치가 있는 학문이고, 사회서비스로 제공할 만한 실용의 학문이 될 수 있는 것이다.

문제는 현재 사회서비스 영역에서 인문학적 콘텐츠나 인문학에 토대를 둔 사업 영역이 거의 없다는 것이다. 실제로 보건복지부가 진행 중인 지역사회서비스 투자 사업의 세부 항목을 보면 아동발달 지원, 노인건강생활 지원, 장애인 사회참여 지원, 가족기능 향상서비스, 취약계층 지원 등 사회복지나 보건의료 분야가 주를 이루고 있고, 청년사업단 사업의 경우도 대체로 사회복지나 보건의료, 문화 등에 한정되어 있다. 인문학 관련 서비스는 최근 폭발적인 인문학 실천에 힘입어 2010년부터 청년사업단 사업 항목에 취약계층 대상의 '희망의 인문학' 사업이 추가되었을 뿐이다. 고용노동부의 사회적 기업 육성 분야에서도 이러한 현상은 동일하게 나타나고 있는데, 사회서비스 분야 가운데 인문학을 주된 콘텐츠나 서비스의 목적으로 삼는 사회적 기업은 거의 없다. 교육과학기술부 지원의 사회서비스 영역에서도 문화체험활동 지원 분야를 제외하면 대부분 사회복지나 보건의료 분야의 서비스가 주를 이룬다.

그럼 우리는 무엇을 할 것인가? 사회서비스와 인문학은 어떻게 접목될 수 있을까? 방식은 크게 두 가지 차원에서 가능하다. 하나는 인문학을 활용한 자체 사회서비스를 개발하는 것인데, 이를 테면 '사랑과 돌봄'이라는 서비스를 만들어 볼 수 있을 것이다. 이 서비스를 통해 죽음 자체를 올곧게 이해하는 계기를 부여함으로써 우리는 스스로의 삶을 좀 더 경건하고 겸손하게 살아야 한다는 인식을 가질 수 있고, 이는 사랑으로 연결되어 결국 삶(사랑)과 죽음은 격리된 것이 아니라 일련의 연속성을 지니는 것으로 이해할 수 있게 된다. 이러한 인식은 죽음이나 돌봄 서비스 관련 종사자와 가족들, 모든 이들에게 매우 효과적인 인문학 서비스가 될 수 있으리라 생각한다. 다른 하나는 기존의 사회서비스 영역에 인문학적 콘텐츠와 방법을 접목해 이를 제공하는 것인데, 이는 기존 사회서비스의 질적 측면을 고양시키는 데 효과적일 것이다.

기본적으로 두 가지 방식을 선택적으로 활용해야 하는데, 이 중 인문학은 지역을 단위로 삼는 사회서비스 영역 가운데 특히 복지, 교육, 보건 분야에서 중요한 역할을 할 수 있다. 예를 들어 아동이나 청소년을 대상으로 할 때 경제적 지원이 필요한 경우, 학습 부진이나 학습 의욕이 없는 경우, 정서적으로 도움이 필요한 경우 등 세 영역에 중첩되어 있는 대상에게 인문학적 앎을 제공하는 방안을 고려해볼 수 있다. 아동이나 청소년에 대한 교육 영역에서의 복지적 접근은 개인의 자아실현은 물론 민주주의 사회의 존속 근거와 인류 공동체의 지속 가능한 성장에도 기여할 수 있는 일이고, 이는 인문정신에 가장 잘 부합하는 실천이라 볼 수 있을 것이다. 뒤에서 설명할 '인문학교'가 바로 이런 견지에서 이루어졌다.

이는 복지적 관점에서 인문학을 활용해 복지-교육-보건이 유기적으로 연결된 통합적 실천 방안이라는 점에서도 의의가 있다. 교육과 복지는 서구에서 이미 오래전부터 진행해온 '평생교육' 또는 '평생학습'의 개념과도 관련이 있고, 이는 사람들의 정신건강이나 정서적 안정에 도움을 줄 수 있다는 점에서 보건 분야의 한 영역으로 편제할 수 있는 성질의 서비스이기도 하다. 빈곤아동을 대상으로 시행하는 '위 스타트' 사업이 동등한 삶의 기회 보장을 통한 아동의 인지적·정서적·신체적 발달을 도모하고, 이를 통해 궁극적으로 계층 간 불평등을 완화하려는 목적으로 출현했다는 점에서 인문학이 복지와 접점을 찾을 수 있는 측면은 충분히 있다고 본다. 이를 크게 독립적이면서 유기적으로 연결되어 있는 인문복지 / 인문교육 / 인문치유의 범주로 설명해보자.

복지 영역에서 인문학은 개개인이 인간 존재로서의 기본적 욕구를 실현할 기회를 제공받을 권리가 있고, 이를 국가나 사회가 지원할 필요성이 있다는 인식을 사회서비스 수혜가 필요한 이들에게 제시하는 역할을 할 수 있다. 이는 다양한 사회서비스의 창출에 기여할 것이다. 인문복지는 그 자체로 하나의 실천범주이면서 인문학을 활용한 다양한 사회서비스 범주를 포괄하는 개념이다.[17] 교육 영역에서도 인문학은 좁게는 인성교육이나 인문학적 방법의 훈련을 통한 아동 및 청소년들의 논리력, 창의력, 사고력 증진 등 역량을 갖춘 자기 주도적 존재로 성장하는 것을 돕는다. 또 넓게는 인간과 세계에 대한 이해를 돕는 지식과 정보 제공을 통해 민주적 시민 양성, 사회통합에 기여하는 인재 양성을 도울 수 있다. 인문학은 정신건강 분야에서도 인간학적 함의를 지니면서 일시적 고통 해소가 아닌 지속가능한 정신건강, 특히 예방적 치료 영역에서 기여할 수 있다. 인문학은 자기성찰과 존재에 대한 이해를 도움으로써 인간 행복 달성에 긍정적인 역할을 하기 때문이다. 나아가 인문학은 지역 갈등·계층 갈등·다문화 문제·고통스러운 역사적 상흔 등 사회통합을 저해하는 문제들에 의미 있는 해결 방안을 제시할 수도 있다. 요약하면 인문학과 복지의 접목을 통해 우리는 복지-교육-정신건강 서비스가 유기적으로 통합된 활동을 전개할 수 있다.

이는 인문학의 실용성과 가치를 실현하는 인문학 실천의 또 하나의 방식이 될 수 있으리라 본다. 사회서비스로서의 인문학 실천은 우리가 바람직한 사회상을 논의할 때 필연적으로 마주하는 이른바 '정의로운 사회란 무엇인가'라는 물음과 관련이 있기도 하다. 물론 정의(justice)를 이해하고 규정하는 방식은 여러 가지가 있을 수 있겠지만, 정의의 핵심적 가치가 행복이든 자유이든 미덕이든 기본적으로 정의로운 사회란 인간이 소중히 여기는 것들, 이를테면 소득과 부, 의무와 권리, 권력과 기회, 공직과 영광 등을 올바르게 분배하는 사회일 것이다.[18] 이런 점에서 사회서비스로서의 인문학 실천은 인간의 행복을 극대화하고 자유를 존중하며 미덕을 기르는 실천적 행위의 한 방식이 될 수 있으리라 생각한다.

무엇이 더 필요한가?

인문학은 기본적으로 인간다움, 즉 인간성의 실현을 돕는 학문이다. 어쩌면 인간답게 사는 방법, 다른 사람들과 조화롭게 사는 방법을 터득할 수 있게 도움으로써 행복한 삶을 이끄는 것은 '지금, 여기' 인문학에 주어진 과제인지도 모른다. 사회서비스를 통해 많은 이들에 제공되는 인문학의 수많은 텍스트와 그에 기초한 실천은 인간답고 조화로운 삶, 행복한 삶을 추구하는 또 하나의 길이다.

　기본적으로 사회서비스는 가치와 이익이라는 두 마리 토끼를 단박에 잡으려는 이중전략을 추구한다. 사회서비스 분야에서 인문학이 성공적으로 정착해 그 목적을 실현하기 위해서는 가치와 이익의 균형을 이룰 수 있는 전향적인 사고와 새로운 실천 양식이 필요할 것이다. 이를 토대로 의미 있는 실천을 담보하기 위해서는 무엇보다 필자를 포함한 인문학자들이 기존의 관성으로부터 벗어나 적극적인 자기 변신을 시도할 필요가 있다. 그러면서 인문학자들은 다양한 인문콘텐츠를 발굴하고 이를 프로그램화하여 자신들이 거주하고 있는 지역에서 적극적인 실천을 도모할 필요가 있다. 현재 많은 지역에서 이와 같은 실천이 이루어지고 있지만 지속성과 안정적인 측면에서 아직 갈 길이 멀다. 하지만 지역 중심으로 이루어지는 인문학의 복지적 실천은 인문정신의 사회화와 지역의 고용 창출(청년사업단이나 지역특성화 사회적기업)이라는 이중 목적을 달성하는 데 아주 매력적인 방안이 될 수 있다.

　인문학자들 사이의 연대도 중요하다. 연대와 소통은 인문학의 또 다른 정신이다. 관계를 맺고 소통하며 그 속에서 연대하는 것이야말로 상생의 길을 도모할 수 있는 실천적 전략이 될 것이다. 한 지역의 인문학자들은 다른 지역의 인문학자들과 인적·학문적 상호 소통을 활발히 전개함으로써 상생의 길을 갈 수 있는 담론을 만들고 실천을 공유하는 적극적인 노력이 필요하다. 이는 인문정신의 사회적 환류를 더 실질적인 차원으로 승화시켜 사회서비스로서의 양질의 인문학을 지역 사회에 안정적으로 제공하는 토양이 될 것이다.

인문학자들의 적극적 변신과 연대를 통해 형성된 담론을 안정적으로 실천할 제도적 틀 또한 필요하다. 이를 국가적 차원에서 보면 그간 사회서비스의 공공성보다는 시장화 전략에 주력한 국가주도형의 복지 패러다임을 수혜자 중심의 사회 공공적 복지 패러다임으로 전환하는 문제와 맞닿아 있고, 지역적 차원에서는 지역사회 발전 패러다임을 경제 축에서 복지 축으로 이동시키는 문제와 연관되어 있다. 인문학을 사회서비스로 제공해 복지 영역에서 활용할 경우, 복지의 실질적 권리를 향유하는 주체들과 공급하는 주체들이 지역 중심의 복지 조직, 가령 '지역 거점 인문학 사회서비스 센터'를 공동으로 건설할 필요가 있다. 이를테면 '지역대학(인문학 실천 종사자 교육, 콘텐츠 발굴, 프로그램 개발) – 지자체/교육청/보건소/각종 사회복지시설/자활센터(예산, 운영 및 실행 지원) – 비정부조직이나 시민단체(활동 지원)' 등 지역 복지 주체들 사이의 유기적 연결망을 구축하고, 이 틀을 토대로 실질적 총괄기구를 설립하는 것이다. 그 예비단계로 각 지역 교육청이나 보건소, 사회복지관 등에 인문학적 복지를 주된 목적으로 삼는 '인문학 복지 센터'를 '지역대학 – 지역 교육청/보건소/사회복지관 – 지자체' 등이 연계해 설치하는 것도 방법이다. 지역 공동체를 바탕으로 정의로운 사회를 만들어가는 일은 지역과 중앙의 '관계와 소통'을 이루어내고 공동체의 건강성을 확보할 수 있는 또 하나의 길이 될 수 있다.

　인문학 진흥을 돕는 지원기관이나 방식도 제도적·정책적 차원에서 변화가 필요하다. 현재 인문학 진흥을 위한 지원은 주로 한국연구재단의 몇몇 사업을 통해 이루어지고 있고, 무게 중심이 실천보다는 연구에 집중되어 있다. 복지의 측면에서 인문학을 진흥한다면 대안적 사회서비스의 창출 또는 사회적 자본 투자라는 인식 아래 사회서비스 관련 유관 부처들이 인문학 분야의 사회서비스 영역 진입을 위한 제도적 장치를 마련하고 예산을 지원하는 적극적인 정책적 고려를 해야 한다. 인문학자들도 개인이나 공동체의 지속 가능한 행복이나 삶의 질 향상에 인문학이 어떤 기여를 할 수 있는지 대중과 정부 당국자들에게 알리는 노력을 적극 추진해야 할 것이다.

　이러한 다층적 노력들이 유기적으로 연결된다면 사회서비스로서의 인문학 실천은 인문학도나 지역민의 일자리 창출은 물론이고 인문학의 사회화에 기여함으로서 개인의 삶의 질 고양, 사회통합이나 건강한 사회 만들기에 중요한 밑거름이 될 것이다. 사람은 누구나 자신이 누구이고, 자신이 살고 있는 세상은 어떤 곳인지에 대한 근원적 질문을 하며 살아간다. 인문학은 삶의 근원에 대한 앎을 제공해주는 학문이다. 인문학적 앎을 통해 스스로의 행복을 주체적으로 만들 수 있게 모두 함께 노력하기를 기대한다.

인문학교, '관계와 소통'을 위한 실천

    인문학과 복지의 '관계와 소통'은 사회적 인식이나 제도적 차원에서 그리 쉬운 일은 아니다. 필자는 지난 몇 년간 인문학의 복지적 실천을 위한 '인문학교(人文學校, Humanities School)'라는 모델을 만들어 운영해온 바 있다.[19] 이 장에서는 어린이와 청소년을 대상으로 실천한 '인문학교'를 통해 인문학과 복지의 '관계와 소통' 가능성을 제시해보려고 한다. '인문학교' 모델은 인문학이 교육 현장에서 복지적 차원으로 실천될 경우, 참여 학생들의 인성교육과 정서완화 그리고 학습 동기 유발에 도움이 될 수 있다는 믿음에서 출발했다. 인문학교를 운영하기 위해 만든 '관계와 소통' 프로그램은 교육 · 상담 · 치유가 유기적으로 통합된 프로그램으로 넓게 보면 자기성찰을 돕는 도덕적 통합성의 함양, 인지·정서·행동이 통합적으로 길러질 수 있는 전인성 함양, 민주시민성과 공동체성 함양을 목적으로 삼고 있다. 이 프로그램을 운영한 결과, 인문학이 참여 학생들의 관계성 및 자아존중감 향상에 긍정적 영향을 끼칠 수 있으며 궁극적으로는 학습 동기 유발에도 도움을 줄 수 있음을 확인할 수 있었다.[20]

교육 현장에서 인문학의 실천적 의미

동서고금, 남녀노소를 막론하고 모든 인종과 계층을 초월하는 보편적 진리가 있다면 그것은 더 나은 삶의 추구다. '더 나은 삶'이라는 추상적인 개념은 '행복'이라는 말로 바꾸어도 크게 무리가 없을 것이다. 문제는 행복의 추구가 인간 삶의 매우 중요한 영역임에도 불구하고 그간 우리 사회에서 공적 영역보다는 사적 영역의 것으로 이해되어 온 측면이 크다는 사실에 있다. 특히 교육 현장에서 '행복'은 그리 진지하게 다루어진 것 같지 않다. 이는 행복이라는 추상적 개념이 교육의 목표에 부합하는 것임에도 불구하고 속도와 편리성, 성과를 중요시하는 사회적 요구에 조응할 수 있는 '학력 신장'이 교육의 현실적인 목표로 상정되었기 때문이다.

최근 언론 보도를 통해 자살하는 초·중·고생의 수가 점차 늘고 있으며 그 원인이 주로 가정불화나 이성 관계, 왕따 등 관계의 해체에서 비롯되고 있음이 알려졌다. 이는 성적이나 사회적 지위 같은 세속적 욕망의 성취만큼이나 관계의 상실을 극복할 수 있는 공부가 중요하며 여기에 교육의 목표를 두어야 할 필요성을 제기한다. 따라서 교육 현장에서도 행복의 추구를 중요한 가치로 삼는 실천이 필요하며 여기에 인문학이 기여할 바가 있다고 생각한다. 이는 최근 물질문명의 발달로 말미암은 정체성 상실의 시대에 보편적이든 선택적이든 '인간 행복'이 초미의 관심사로 떠오른 사회적 분위기와도 무관하지 않다.

인문학은 인간 삶의 의미나 가치를 다루는 학문이다. 따라서 인간이 세상의 중심인 이상 인간 실존과 사회적 조건의 관계망 속에서 인간 행복의 모양새를 찾으려고 한다면 인간학 즉, 인문학이 없는 세상이란 있을 수 없다. 또 교육의 목적이 바람직한 인간 존재의 육성과 이를 통한 민주사회의 완성, 나아가 개인과 사회의 행복 추구에 기여하는 것이라면 인문학이야말로 개인과 사회 모두에게 필수적으로 필요한 핵심 학문일 것이다.

인문학교의 취지와 배경

인문학교는 초·중·고등학생은 물론 대학생이나 성인까지 고려한 기획이며 기본적으로 '지속 가능한 행복'을 중심적 가치로 삼고 있다. 인문학교에서 진행하는 프로그램은 참여하는 모든 이들에게 인문학적 앎의 전달을 통해 인간답게 사는 것의 의미, 행복하게 사는 것의 의미를 주체적으로 탐색하도록 돕는 데 주안점을 둔다.

어린이 및 청소년 인문학교의 목적은 첫째, 인문학적인 사고 함양을 통한 긍정적인 자아상 확립 및 행복한 삶의 가치 발견 돕기. 둘째, 어린이나 청소년의 주도적인 역량 개발의 밑거름 제공이다. 또 인문학교의 취지는 크게 세 가지로 첫째, 어린이 및 청소년 대상의 인문학을 활용한 교육, 상담 및 치유 등 통합·예방적 차원의 교육 및 치료 프로그램 개발. 둘째, 상대적으로 교육 기회가 적은 어린이와 청소년, 특히 저소득층·다문화가정·농산어촌 지역의 초·중·고 학생들을 대상으로 인문학적인 삶의 가치와 행복 나누기 실현. 셋째, 어린이 및 청소년들의 긍정적인 자아상 확립 및 바른 꿈 만들기 일조가 그것이다.

여기서 인문학교의 목표는 좀 더 구체적으로 첫째, 교과과정과 연계된 지식 및 사고훈련 기회의 제공. 둘째, 어린이 및 청소년의 자아정체성 형성 조력. 셋째, 사회적 일탈 행동의 예방. 넷째, 스트레스 매니지먼트를 통한 정서적 안정 도모. 다섯째, 성공적인 미래 삶 설계의 도움으로 나누어 볼 수 있다.

인문학교 프로그램은 위와 같은 목적 및 취지를 반영해 설계한다. 기본적으로 인문학교 프로그램은 '관계와 소통'이라는 주제에 맞추어 관계 맺기와 소통의 방법을 배우고 실천하는 일종의 수행적 교육 및 상담 활동이 가능한 테마로 구성한다. 이는 인문학교 프로그램이 관계의 개선뿐만 아니라 관계와 소통에 대한 인문학적 사유를 심화시킴으로써 갈등의 잠재적 요인을 차단 또는 예방한다는 목표를 가지고 있기 때문이다.

기존의 교육이나 상담, 치유, 인성 프로그램은 대부분 이미 드러난 일종의 병리 현상에 대한 적극적 조치를 그 목표로 하고 있지만, 인문학교 프로그램은 예방적 차원의 활동에 중점을 두어 진행한다. 예방에 초점을 맞춘 프로그램이기 때문에 이미 드러난 병증(또는 문제) 치료나 해결에 비해 그 효과의 속도는 더딜 것이 분명하다. 하지만 자고 나면 변해버리는 '지금, 여기'의 상황에서 인문학교 프로그램은 느림의 의미와 인문정신의 가치에 어울리는 긍정적인 효과를 낼 수 있다.

인문학교 프로그램의 내용 및 방법

인문학교 프로그램은 기본적으로 더 인간다운 삶, 그리고 행복을 추구하는 인문학 본위의 프로그램이다. 따라서 교육방법도 인문학의 고유한 공부 방법인 '읽고 쓰고 듣고 말하는' 방식을 활용한다. 또 특별히 비판적 사고의 함양을 위해 사색의 기회를 둠으로써 참여 학생들이 스스로 자신을 성찰하고 성장시킬 수 있는 계기를 부여한다. 이러한 시간을 '생각의 시간'이라 하여 필수적으로 포함시킨다. 프로그램의 내용 역시 문학을 통해 나와 타인, 사회와의 '소통'을, 역사를 통해 '온고지신(溫故知新)'의 진정한 의미를, 철학을 통해 사유의 즐거움을 배우도록 안배한다.

　프로그램의 주된 내용인 소통과 깨달음, 사유를 통한 '인간다움, 사람다움의 실현' '자아찾기와 자아실현' '상대방에 대한 배려와 존중'은 많은 학문, 특히 심리학이나 교육학의 궁극적 목적이기도 하다. 심리학이나 교육학의 태동 이전부터 존재했던 인문학은 인간다움을 실현하기 위한 가장 기초적이고 중요한 교육 영역이었고, 현재 다양하게 전개되는 일종의 대안 의학적 기능을 오래전부터 인문학이 담당했다는 사실을 염두에 두었다. 따라서 인문학의 전통을 계승하고 현대적으로 복원한다면 교육적 효과는 물론 상담적 기능과 치유의 역할을 아우르는 포괄적인 차원의 실천적 활동이 가능해지고, 이에 따라 교육 현장에서 인문학의 실용적 역할과 효용은 배가될 것이다.

　프로그램 진행에 쓰인 콘텐츠는 인문학의 근간을 이루고 있는 고전 텍스트, 특히 동양의 고전과 이야기를 주로 활용하는데 이는 동양의 고전들이 정서적으로 교육 현장에서 훨씬 더 수월하게 수용되는 특성을 보였기 때문이고 '관계와 소통'이나 '배려와 조화'라는 주제는 동양적 사유와도 잘 부합하기 때문이다. 이외에도 서양 고전의 텍스트를 주제에 맞춰 활용하면서 인문학적 함의가 풍부한 영화나 그림, 사진 등 시각적인 매체를 활용해 참여 학생들의 몰입을 유도한다.

'관계와 소통' 프로그램 [21]

　인문학교 프로그램의 가장 기초적인 화두는 '행복'이다. 적절한 프로그램의 내용 구성을 통해 참여자들에게 행복이 무엇인지, 행복에 도달하기 위해 필요한 것은 무엇인지를 알려주고, 스스로 길을 모색해보는 기회를 제공하고자 노력한다.

　만약 인간의 행복을 괴로움(苦)이나 아픔(痛), 즉 고통의 질곡에서 해방됨으로써 얻을 수 있는 그 '무엇'이라 정의 내린다면 인간의 행복을 이루기 위해 가장 중요한 일은 그 고통을 제거하는 일일 것이다. 그래서 인간은 아득한 옛날부터 고통 없는 삶을 지향해왔다. 행복에 대한 이런 시각을 염두에 둔다면 '인간의 행복'이란 다양한 차원의 고통으로부터 벗어나는 것이라 할 수 있다. 이는 단순히 육체적 질병으로부터의 해방뿐만 아니라 사회적·정신적 차원의 고통으로부터의 탈출을 포함한다. 세계보건기구(WHO)에서도 건강을 '신체적·정신적·사회적 차원에서의 완전한 안녕 상태'[22]라고 정의하며, 이러한 조건이 충족될 때 인간은 웰빙(wellbeing), 곧 행복한 삶의 기초를 쌓을 수 있다고 말한다. 즉, 인간은 자기 신체와 정신은 물론 자신을 둘러싼 다양한 환경들, 이를테면 사회나 자연과의 관계 속에서 부단히 건강을 찾고 이를 통해 편안함, 즉 행복을 추구해가는 존재라 볼 수 있다.[23]

　물론 인간의 행복은 한 가지가 아니라 여러 가지일 수 있으며 이를 달성하는 방식도 여러 가지일 수밖에 없다. 인문학교에서는 바로 이런 점을 강조한다. '관계와 소통' 프로그램은 주체적 존재인 '나'에 대한 고민으로 시작해 관계의 대상인 또 다른 주체로서의 '너'에 대한 이해를 거쳐 가장 기초적인 사회라고 할 수 있는 가족 그리고 좀 더 넓은 사회와 생태계로 그 대상을 넓혀간다. 여기서 핵심적 테마는 '관계와 소통' 및 '배려와 조화'로 설정해 주체적 존재인 '나'의 자아 존중감 확보 및 다양한 대상들과의 '관계와 소통'에 초점을 두어 진행한다. 다음은 '관계와 소통' 프로그램의 일반사항이다.

■ 프로그램의 의의
'관계와 소통' 프로그램은 인문학교의 지향점이라 할 수 있는 인문학적 사고의 함양을 통해 인간적이고 행복한 삶의 가치를 발견할 수 있도록 하는 데 목표를 두며 정답을 고르는 것이 아니라 답을 선택해 가는 과정의 중요성을 깨닫는 데 주안점을 둔다.

■ 프로그램의 목표
아동 및 청소년들이 인문학적 사고를 함양하고 나와 타인, 우리, 관계에 대해 생각할 수 있는 시간을 갖게 한다. 아이들 입장에서 실현 가능한 가치들을 생각하고 실천할 수 있게 한다.

① 정체성을 만들어 갈 수 있게 돕는다.
② '나'의 존재 의미에서 시작해 타인의 의미까지 생각하도

록 돕는다. 나와 타인이 맺는 '우리'까지 사고를 확장시킨다.

③ 우리가 만들어내는 관계 속에서 필요한 것들을 생각하도록 돕고, 관계 속에서의 나의 역할을 생각하게 한다.

■ 프로그램의 전략 및 방법

① 인문학적인 방법(말하기, 듣기, 쓰기, 읽기, 보기, 생각하기)을 이용한다.

② 예술적 도구 및 영상 매체를 보조적으로 활용한다.

③ 초·중·고등학생이 관심 가질 만한 핫이슈, 뉴스 등을 활용한다.

■ 프로그램 운영 방식

통상 매주 1회, 참여 대상자들의 생체리듬을 고려해 초등학생 40분 / 중등학생 60분(성인의 경우 90분)으로 설정하고 놀이활동, 교육활동, 상담활동 등으로 세분화하여 대상자들의 주의 분산을 최소화한다.

■ 프로그램의 내용 : 관계와 소통

주차	내용	방법
1	라포의 형성 및 사전검사	듣기, 말하기
2	관계(1) : 나와 너	듣기, 말하기, 쓰기, 생각하기
3	관계(2) : 또 다른 사회, 가족	듣기, 말하기, 쓰기, 생각하기, 표현하기
4	편견과 차별	듣기, 말하기, 쓰기, 생각하기, 보기(감상)
5	말(言), 말의 중요성	말하기, 듣기, 생각하기, 게임
6	조화로운 삶 : 내면의 조화 및 함께 살아가기	듣기, 말하기, 쓰기, 생각하기
7	개성과 조화	듣기, 말하기, 쓰기, 생각하기
8	생태와의 조화 : 자연도 권리가 있다.	듣기, 말하기, 생각하기
9	나에게는 꿈이 있습니다.	나의 역사하기 1
10	꼬마 영웅의 이야기	나의 역사하기 2
11	꿈을 이룬 사람들의 이야기	나의 역사하기 3
12	회기 마무리 : 또 다른 시작	생각하기와 말하기

■ 프로그램 운영 결과

(1) 객관적 지표

문장완성 검사 및 자아존중감, 자율성, 또래 관계 검사 등을 실행해 사전 및 사후 검사를 비교한 결과, 수업 이전보다 훨씬 더 향상된 수치를 보였다.

(2) 주관적 지표 : 설문지 활용

설문지를 통해 '관계와 소통' 프로그램에 참여한 학생들의 생각 변화를 파악해 볼 수 있다. 다음은 초등학교 5학년~중학교 2학년 학생들의 설문지 결과 예시다.

---

① "인문학 수업을 통해 모든 사람은 생각이 다르다는 사실을 알게 되었다."

② "인문학은 무척 재미있었다. 나는 인문학을 배우면서 모두의 개성과 생각이 다르다는 걸 알았다. 또 사람들의 무늬는 각자 다르다는 것도 알게 되었고, 꿈은 혼자 이룰 수 없다는 것도 알았다. 이러한 것을 깨닫고 알게 해주신 선생님께 너무 감사하다."

③ "인문학 수업을 통해 상대를 더욱 존중해야 한다는 것을 알았고, 누구나 그럴 수 있다는 마음을 갖게 된 기회였다. (인문학 수업을 통해) 인간을 배려하고 이해할 수 있었다. 저를 배려해 주셔서 감사합니다."

④ "사람은 서로 많이 다르다. 서로를 존중해주자."

⑤ "수업을 하면서 사람에 대해 생각하는 것이 달라졌다. '나는 나, 너는 너'라는 생각에서 '너와 나는 같은 사람'으로 바뀌었다."

⑥ "사람은 서로 다르다. 내 의견만 고집하면 안 되겠다."

⑦ "인문학 수업을 통해 사람의 인격은 모두 같고, 사람들은

모두 다른 외모와 성격을 가지고 있다는 걸 배웠다. 어린이는 힘이 없다는 생각을 버리게 되었고, 사람들은 성격과 외모 등이 모두 다르기 때문에 더욱 조화롭고 아름다운 것이라 생각한다. 선생님들께서 몇 개월 동안 가르쳐주신 인문학이 내 생각과 신념을 완전히 바꿀 정도로 큰 영향을 끼친 것 같다."

⑧ "이 수업을 한 번 했을 때는 생각이 조금만 쌓였는데, 수업에 더 많이 참여할수록 생각이 더 많이 쌓였어요."

⑨ "인문학교를 마친 후 사람들 앞에서 자신감이 생겨 감사하다."

인문학교 수업에 참여한 학생들은 모든 사람들이 서로 다른 존재이므로 다른 사람의 인격과 개성을 인정해 줄 때 비로소 자기 자신도 이해받을 수 있으며 조화를 이룰 수 있다는 사실을 몸소 체험한 것으로 파악된다. 스스로의 꿈을 이루는 것도 중요하지만 다른 사람의 꿈도 나의 꿈만큼 중요하다는 사실을 깨달았다는 대답, 다시 말해 '관계'를 염두에 둔 사고로 전환하게 되었다는 대답 등을 들을 수 있었다. 또 인문학교 수업을 듣기 전에는 많은 아이들이 많은 돈을 벌고 유명한 사람이 되는 것을 공부나 삶의 목표로 설정하고 있었지만, 회기가 마무리 될 무렵 동일한 질문에 대한 대답은 달라져 있었다. 주로 '존경받는 사람, 사랑받는 사람, 베푸는 사람'이 되고 싶다고 대답하였고 무조건 돈을 많이 버는 것이 유일한 목표인 학생들은 찾아볼 수 없었다.

'가치 있는 삶'에 대한 답을 찾는 것은 암기를 통해 얻어지는 것이 아니고 삶의 과정을 통한 깨달음으로 가능한 것이다. 이는 삶이 공부의 가장 좋은 텍스트라고 믿기 때문이다. 결과적으로 '관계와 소통' 프로그램은 참여 학생들에게 '삶의 질적 향상과 만족을 위해 수없이 다양한 관계 속에서 올바르게 소통하는 것'이 무엇보다 중요하다는 점을 인식시켜 주는 계기가 되었다. 실제로 '자기 성찰'과 '소통'을 주된 목표로 삼았던 이 프로그램의 진행 결과, 학생들의 또래 관계와 자아존중감 측면에 긍정적인 영향을 끼쳤음을 알 수 있었다. 이는 관계성의 복원이 주체의 건강한 자아상을 만드는 데 도움이 될 수 있다는 점을 잘 보여준다. 바로 이러한 점이 필자가 '관계와 소통'을 강조하는 까닭이며 '관계와 소통'이 인간 행복의 주요한 방법론 중 하나임을 역설하는 이유다.

인문학교의 확산을 기대하며

학생들의 '인성(人性)'은 지적 역량의 성숙도에 비해 더디게 증가하는 게 사실이다. 더 정직하게 말하면 학업 능력의 신장에 몰두하다 보니 인성 교육은 점차 소홀해졌고, 그 결과 다양한 사회적 문제들이 발생하고 있는 게 지금의 현실이다. 교육의 목적이 학업 능력이나 기능적 역량을 기르는 것만은 아닐 것이다. 진정한 교육의 목적은 사람다운 사람, 즉 이상적인 존재로 거듭날 수 있는 기회를 제공하는 것이다. 여기서 '이상적(理想的) 존재'란 태어나면서부터 마주하게 된 많은 관계 속에서 올바르게 소통하여 보다 고양된 삶을 위한 지식과 지혜를 갖춘 존재일 것이다. 정신적인 성숙과 관계성의 개선, 소통 능력의 배양이 결국 삶의 질 향상과 행복한 삶으로 이어진다는 사실은 아무리 강조해도 지나치지 않다.

특히 청소년을 교육하는 경우 자기 주도적인 존재로 성장할 수 있도록 도와줘야 하고, 스스로 자아 확립을 해 나갈 수 있는 기회를 주는 것이 중요한 만큼 정보나 지식의 양의 축적에만 몰두하는 교육은 분명 한계가 있을 수 있다. 가령 '친구를 왕따 시켜서는 안 된다'를 이론적으로 습득하는 것과 가슴으로 깨닫는 것에는 분명 차이가 있다. 이러한 내용이 만일 지식으로만 받아들여지면 '시험용' 지식으로는 쓸모가 있겠지만, 쓸모를 넘어 가슴으로 받아들인 깨달음으로 발전한다면 이는 삶의 실천에 녹아들어 청소년의 긍정적인 미래 설계에 큰 도움이 될 것이다. 이런 점에서 '교육'이 학생들의 삶을 변화시키려는 목적을 가지고 있는 것이라면 수많은 지식의 흡수와 더불어 인문학적 사유 또한 늘 함께 고려되어야 할 문제가 된다.

칸트(I. Kant)는 "사람은 교육에 의해서만 사람이 될 수 있다"고 말한 바 있다. 이 말은 '태어난 그대로의 사람'이 교육을 통해 '이상적인 방향으로 변화된 사람'으로 다시 태어날 수 있다는 의미다. 교육의 목적이 '이상적인 방향'과 '변화'를 가장 큰 목적으로 한다면 교육의 수혜자들에게 가장 필요한 학문 가운데 하나는 인문학일 수 있다. 반복된 지식의 주입, 암기 일변도의 교육방식은 청소년들을 삶이 바뀌는 '진정한 변화'로 이끌기 힘들다. 변화의 주체는 바로 학생들인데 당위성에 기초한 지식을 수동적으로 흡수하는 것만으로는 스스로를 변화시키는 데 무리가 따르고, 이러한 이유 때문에 학생들이 변화의 시도 자체를 소홀히 할 가능성이 크기 때문이다.

교육과 상담 그리고 치유가 접목된 인문학교 모델이 실제 교육 현장에서 활용되기는 그리 쉽지 않은 현실이다. 하지만 공부의 가장 좋은 텍스트가 인간의 삶 그 자체라는 사실을 인정한다면 실제 교육 현장에서 인문학의 활용을 위한 제도적 방안을 강구하는 것은 교육적 차원에서나 복지적 측면에서나 매우 가치 있는 시도가 될 것이다.

삶 속에서 배우는 앎이야말로 인간의 운명을 바꿀 수 있는 기회를 준다. 그래서 삶이 곧 앎이고, 앎이 곧 삶이 되는 공부를 하는 것이 중요하다. 인문학이 이러한 공부를 도울 수 있다. 물론 인문학은 다른 학문 분야와 달리 당장 효과를 보여주기 힘들고 정확한 수치로 증명할 수 없는 학문임에는 틀림없다. 하지만 인문학교라는 새로운 실천적 모델을 통해 인간 개개인이나 집단의 삶이 건강한 정체성과 존재감을 얻고, 이를 통해 진정한 삶의 가치를 되돌아볼 수 있다면 이보다 더 소중한 공부가 어디 있겠는가?

1) 이 책의 내용은 미주에서 밝힌 필자의 연구들을 기초로 하여 새로 재구성한 것임을 밝혀둔다.

2) 얼 쇼리스, 고병헌·이병곤·임정아 옮김, 『희망의 인문학』, 이매진, 2006.

3) 「서울경제신문」, 2012. 12. 28. "한국은 아주 특별히 위험, 초강력 경고"

4) 박영식, 『인문학 강의』, 철학과 현실사, 2011, pp.15~16.

5) 서경식 외, 『교양, 모든 것의 시작』, 노마드북스, 2007, pp.27~28.

6) 월터 카우프만, 이은정 옮김, 『인문학의 미래』, 동녘, 2011, pp.28~36.

7) 김완진, 「경제발전과 인문교육」, 『인문정책 포럼』, vol.5, 2010 여름, pp.15~18.

8) 버트런드 러셀, 이순희 옮김, 『행복의 정복』, 사회평론, 2005, p.27.

9) 데즈먼드 모리스, 김동광 옮김, 『털없는 원숭이의 행복론』, 까치, 2008.

10) 시셀라 복, 노상미 옮김, 『행복학 개론』, 이매진, 2012.

11) 이하의 내용은 다음의 글을 수정한 것이다. 유강하·김호연, 「공자의 인문학 강의와 인간의 삶」, 『인문학연구』, vol.41, 2011, pp.453~483.

12) 古者詩三千餘篇, 及至孔子, 去其重, 取可施於禮義, 上采契后稷, 中述殷周之盛, 至幽厲之缺, …… 三百五篇孔子皆弦歌之, 以求合韶武雅頌之音. 禮樂自此可得而述, 以備王道, 成六藝.

"옛날에는 『시』가 삼천 편이었으나 공자에 이르러 그 중복된 것을 추려내고 예의에 쓸 수 있는 것을 선택해 위로는 설과 후직에 관한 시를 채집하고, 중간으로는 은과 주나라의 성대함을 서술한 시로부터 유왕과 여왕의 때의 예악이 무너짐에 이르기까지 …… 삼백오 편은 공자가 모두 곡조에 맞게 불러 「소」 「무」 「아」 「송」의 음악에 맞추려고 했다." - 『사기(史記)』 「공자세가(孔子世家)」

13) "興, 感發志意, 觀, 考見得失, 群, 和而不流, 怨, 怨而不怒."

14) 子曰: "質勝文則野, 文勝質則史. 文質彬彬, 然後君子."
"공자가 말했다. '질(質: 본바탕)이 문(文: 외관)을 이기면 촌스럽게 되고, 문이 질을 이기면 겉치레만 하는 것(史)이 된다. 문과 질이 적당히 배합된 이후에야 군자라 할 만하다. - 『논어』「옹야(雍也)」

15) 인문학과 복지의 관계에 대해서는 다음의 글을 기초로 구성한 것이다. 김호연, 「인문학의 복지적 실천을 위한 시론적 탐색 - 사회서비스와 인문학」, 『인문과학연구』, vol.26, 2010, pp.525~549.

16) 성민선, 「교육과 사회복지의 공유영역」, 『사회복지리뷰』, vol.14, 2009, pp.11~12.

17) '인문복지'라는 용어는 인문학을 활용한 사회복지 실천 모두를 포괄하는 개념이다. 다만 구체적인 사회서비스의 형태로 복지 분야에서 인문학 실천이 이루어질 경우, 이것도 인문복지라고 할 수 있다. 전자를 광의의 인문복지, 후자를 협의의 인문복지로 구분할 수 있다. 즉 광의의 인문복지에는 하위 영역으로 인문복지, 인문교육, 인문치유라는 범주가 있다. 이와 관련한 논의는 경제·인문사회연구회 편, 『인문복지의 증진에 기여하는 실천적 인문95정책』, 2008을 참조하라.

18) 마이클 센델, 『정의란 무엇인가』, 김영사, 2010, pp.33~36.

19) 필자는 강원대 유강하 교수와 공동으로 2008년부터 인문학교 프로그램을 운영해 왔다. 현재는 아동에서 성인에 이르기까지 '관계와 소통' 및 '행복'을 주제로 특강 및 단기 프로그램을 운영하고 있다.

20) 이하의 더 상세한 내용 및 인문학교 참여 학생들의 긍정적인 변화는 다음의 논문을 참조하라. 김호연·유강하, 「인문치료(Humanities Therapy)의 한 모델, 인문학교」, 『인문과학연구』, vol.23, 2009, pp.471~503; idem, 「인문학 교육의 역할과 효용성에 관한 연구」, 『중등교육연구』 vol.60-1, 2012, pp.83~107.

21) 교육 현장에서 실천한 '관계와 소통' 프로그램의 구체적인 내용은 다음을 참조하라. 김호연·유강하, 『인문학, 아이들의 꿈집을 만들다』, 단비, 2012.

22) "Health is a state of complete physical, mental and social well-being and not merely the absence of disease or in infirmity." "Basic

Document", forty-fifth, Supplement, October, 2006.

23) 김호연, 「치료의 인문학적 함의를 위한 시론: 그리스의 의신, 아스클레피오스를 중심으로」, 『역사와 문화』, vol.17, 2009, pp.45~76, esp.45~46.

큰글자 살림지식총서 108

희망이 된 인문학

펴낸날	초판 1쇄	2015년 1월 26일
	초판 2쇄	2016년 7월 12일

지은이	김호연
펴낸이	심만수
펴낸곳	(주)살림출판사
출판등록	1989년 11월 1일 제9-210호

주소	경기도 파주시 광인사길 30	
전화	031-955-1350	팩스 031-624-1356
홈페이지	http://www.sallimbooks.com	
이메일	book@sallimbooks.com	

ISBN	978-89-522-3076-8	04080

※ 이 책은 큰 글자가 읽기 편한 독자들을 위해
   글자 크기 15포인트, 4×6배판으로 제작되었습니다.